网络思想政治教育平台研究

——以易班为例

WANGLUO SIXIANG ZHENGZHI JIAOYU PINGTAI YANJIU

— YI YIBAN WEILI

 易宇峰　著

西南财经大学出版社

中国·成都

图书在版编目(CIP)数据

网络思想政治教育平台研究:以易班为例/易宇峰 著.—成都:西南财经大学出版社,2021.5
ISBN 978-7-5504-4359-4

Ⅰ.①网… Ⅱ.①易… Ⅲ.①互联网络—应用—高等学校—思想政治教育—研究—中国 Ⅳ.①G641-39

中国版本图书馆 CIP 数据核字(2021)第 062501 号

网络思想政治教育平台研究——以易班为例

易宇峰 著

策划编辑:李邓超
责任编辑:李特军
封面设计:张姗姗
责任印制:朱曼丽

出版发行	西南财经大学出版社(四川省成都市光华村街 55 号)
网　　址	http://www.bookcj.com
电子邮件	bookcj@ swufe.edu.cn
邮政编码	610074
电　　话	028-87353785
照　　排	四川胜翔数码印务设计有限公司
印　　刷	四川五洲彩印有限责任公司
成品尺寸	170mm×240mm
印　　张	10.5
字　　数	194 千字
版　　次	2021 年 5 月第 1 版
印　　次	2021 年 5 月第 1 次印刷
书　　号	ISBN 978-7-5504-4359-4
定　　价	68.00 元

前　言

　　"平台"一词广泛应用于互联网领域，通常被理解为开展某项工作的条件或者基础。例如，网络购物平台，不仅包含了支持网络购物的硬件、软件系统，而且包含了与网络购物相关的流程和机制；再比如淘宝平台，直接指代了整个淘宝网络购物系统，包括但不仅限于淘宝（App 或者网站）、卖家、买家、商品流、信息流、资金流等。

　　高校网络思想政治教育平台的实践和研究起步较早，但通常都是以高校网络思想政治教育平台的具体形式展开的，如前期高校红色网站的建设与研究，中期基于高校论坛网络思想政治教育实践与研究，后期以 QQ、微博、微信平台等为基础的网络思想政治教育实践与研究。使用高校网络思想政治教育平台这一概念，一方面能够更好地将思想政治教育与网络化接轨，突出和强调其"网络化"的特点；另一方面则在实践上和理论上，更加突出其"系统性"。

　　本书以高校网络思想政治教育平台作为具体研究对象，结合近年来易班全国建设推广的应用实践，对高校网络思想政治教育平台的理论基础、理论支撑和学科借鉴进行了较为系统的梳理。本书对网络思想政治教育提出以来高校网络思想政治教育平台形成和发展的历程进行了回顾，并据此总结了高校网络思想政治教育平台的概念、价值、要素、分类、特征和功能。本书从理论联系实际的角度，对高校网络思想政治教育平台的建设、运行和作用机制进行了介绍，并重点研究了高校网络思想政治教育平台的作用机制和评价机制。本书以易班作为高校网络思想政治教育平台的典型案例进行了分析，并提出未来高校思想政治教育平台发展的思考和建议。

　　本书主要包括以下七个部分：

　　第一部分，介绍本书的研究目的与价值、研究现状、研究思路和研究方法等。

　　第二部分，介绍高校网络思想政治教育平台研究的技术基础、实践基础和理论基础。技术基础是高校网络思想政治教育平台研究的基本前提，推动着高校网络思想政治教育平台的发展；实践基础是高校网络思想政治教育平台基于实践应用的重要借鉴；理论基础则是高校网络思想政治教育平台建设、运用和作用发挥的重要理论来源。

第三部分，介绍高校网络思想政治教育平台的内涵。这部分内容在过去研究的基础上，提出了高校网络思想政治教育平台的基本概念，并对高校网络思想政治教育平台的价值、要素、分类、特征、功能等进行了详细介绍。

第四部分，介绍高校网络思想政治教育平台的建设与运营。这部分内容介绍了高校网络思想政治教育平台基本的建设思路、建设目标、建设路径及其运营体制和机制。

第五部分，介绍高校网络思想政治教育平台的作用发挥与评价机制；从环境熏陶、群体认同、灌输与渗透、实践与自我教育四个方面总结了高校网络思想政治教育平台的作用机制；从基本原则、评价对象、评价主体、评价方法、评价反馈五个方面介绍了高校网络思想政治教育平台的评价机制。

第六部分，提出高校网络思想政治教育平台的发展思考。从理论联系实际的角度，提出加强高校网络思想政治教育平台的研究和实践要做到四个结合，即与高校流行文化相结合、与高校教育信息化相结合、与新媒体传播相结合、与法制建设相结合，以开拓创新、与时俱进的态度做好高校网络思想政治教育平台相关工作。

第七部分，介绍高校网络思想政治教育平台的易班模式。易班是当前高校网络思想政治教育平台理论研究和实践应用的典型代表，也是国家重点建设推广的全国统一的大学生网络互动社区。这部分重点对易班的基本情况、易班的特色和优势、易班的作用发挥进行了介绍，并结合本书的相关研究内容，提出了易班下一步的发展思路。

互联网的发展日新月异，各种新技术、新方法、新手段层出不穷。网络思想政治教育领域，也不断有新的研究成果出现。限于篇幅和作者水平，本书必定挂一漏万，诚挚期待各位读者批评、指正。

作者

2020 年 10 月

目　录

1　绪论

　　高校网络思想政治教育平台并不是一个新名词、新概念。学者们对于高校网络思想政治教育平台的研究和实践，已经取得了较为丰富的成果。在网络社会化进程日益加快、互联网发展平台化趋势愈发明显的当下，高校网络思想政治教育平台的重要地位和作用进一步凸显。因此，我们必须从更加创新的视角，更多地利用互联网化的思维，对高校网络思想政治教育平台的相关内容进行系统、全面、整体性的梳理。

1.1　研究目的与价值

1.1.1　研究目的

　　互联网引领了新一轮的科技革命和产业转型，"互联网+"已成为不可阻挡的时代潮流。互联网与各个领域的融合前景广阔，对全球经济和社会发展产生了战略性和全局性的影响。2015 年，《国务院关于积极推进"互联网+"行动的指导意见》，明确提出了"互联网+"行业融合的思路。当前，互联网不但已经深度融入我国的经济社会发展中，而且已经深度融入我国人民的生活中，网络社会已经到来。中国已经处在了以信息化推动现代化建设的伟大转型期。在第二届世界互联网大会开幕式上，习近平总书记充分肯定了互联网技术对社会生产、人类生活、国家治理等方面带来的巨大变革，强调互联网技术使人类认识世界、改造世界的能力产生新的飞跃。

　　中国互联网信息中心发布的第 41 次《中国互联网络发展状况统计报告》显示，截至 2017 年 12 月，中国网站数达到 533 万个，网页数量超过 2 604 亿个，国际出口带宽达到 7 320 180Mbps，主要指标均保持了很高的年增长水平；中国"．CN"域名总数为 2 085 万，居全球国家域名第一；全国网民规模超过7.72 亿，普及率达到 55.8%，与全球平均水平相比，我国高出 4.1 个百分点，与亚洲平均水平相比，我国高出 9.1 个百分点。截至 2017 年 12 月底，全国超过 99% 的企业已经普及计算机办公，全国使用互联网办公的企业也超过了95.6%。企业在生产、研发、销售以及企业升级转型等方面和互联网的结合越来越紧密。企业在信息沟通、内部支撑、安全防护、供应链改造、推广营销、智能制造、物联网等方面越来越重视互联网的作用，在云计算、大数据、创新服务等方面的投入不断提升。越来越多的企业把互联网纳入企业整体战略进行布局；在部门设置、人才选用等方面，对互联网的使用都提出了专门的要求。我国境内外互联网上市企业已经超过 90 家，总体市值超过 5.4 万亿元人民币。

我国高校最初的网络建设始于 1994 年，从中国教育和科研计算机网（CERNET）起步。CERNET 是全国性的教学科研计算机互联网，由国家投资并建设，由教育部进行管理，由清华大学等高校承担建设工作并负责运行。全国各地的高校会统一先连入 CERNET，然后再通过 CERNET 和国际互联网相连。目前，几乎所有的高校和科研院所都连入了 CERNET，覆盖用户数量超过2 000 万人。CERNET 已经成为高等教育公共服务体系的重要组成部分，是我国教育信息化建设的重要基础设施，也是国家信息基础设施的重要组成部分。高校网络的接入质量与服务水平和师生员工日常的科研教学工作息息相关。因此，高校都把网络建设作为高校基本建设内容之一，校园网络带宽从百兆网、千兆网到万兆网不断提升，校园网从有线连接到无线连接，再到 WIFI 全覆盖。网络出口在保持和 CERNET 连接的基础上，持续增加和拓宽商业网络的出口和带宽。高校网络基础建设投入逐年增加，上网速度不断提升，网络资费不断下降。

伴随着高校网络基础建设水平的不断提升，高校运行与网络融合日渐紧密。高校校园网运行着若干的信息服务系统，包括行政办公、财务管理、师资人事、学生工作、后勤服务、图书资料、科研项目等，高校运行涉及的所有信息都在网络上流动。高校数字化校园建设的不断推进，使得高校的师生员工在校园的任何角落，都可以用电脑、笔记本、平板甚至手机登录并访问校园网上的资源。同时，为了满足政府管理和高校自身发展的需要，高校也需要将招生就业、科研教学、学生活动以及相关的内容向全社会进行展示，以进一步推动高校网络信息化建设。

大学生正处于人生中最富有激情和创造力的时期，属于拥有较高的科学文化水平和较为完备的网络技能的特殊网民群体，因此大学生网民和网络接触的范围更广、程度更深，大学生网络行为更加丰富和复杂，网络对大学生的影响也更加深刻。《2015 年中国青少年上网行为研究报告》显示，2015 年大学生网民平均每周的上网时间达到了 31.7 小时，每天约有 4.5 个小时在上网。在大学生网民中，普及率超过 50% 的互联网应用排名分别是：即时通信、搜索引擎、网上支付、网络视频、网络新闻、网上购物、网络音乐、网上银行、旅游预订、电子邮件、网络游戏、微博、网络文学、团购。虽然身在校园，但大学生将自己的衣、食、住、行等各方面都与互联网紧密结合在一起，大学生已经不再被局限在高校校园网的范围内了。

2004 年，中共中央、国务院在《关于进一步加强和改进大学生思想政治教育的意见》中明确提出加强网络思想政治教育的要求。2007 年，中共十七大报告提出，加强网络文化建设和管理，营造良好网络环境。2012 年，中共十八大报告中指出，加强和改进网络内容建设，唱响网上主旋律。加强网络社会管理，推进网络规范有序运行。邓小平同志指出，科学技术是第一生产力。党的十八大以来，我国将网络安全和信息化的重要性提高到了国家战略的高度，重视程度和工作力度大大加强。当前，以互联网为代表的信息技术，正在深刻改变整个世界的面貌。我国正处于"互联网+"战略深入推进，各行各业和互联网加速融合、发展的时期，教育信息化和现代化是将我国建设成为网络强国的重要路径；切实加强高校网络思想政治教育平台的研究与发展，是加强我国思想政治教育的重要举措，也是实现思想政治教育信息化、现代化的基础，对我国高校的信息化建设同样具有重要的推动作用。

2013 年，教育部、国家互联网信息办公室从 10 个方面对高校网络建设和管理工作进行了部署和安排，明确提出要加强高校校园建设网站的力度，使校园网站的内容不断丰富，使校园网站在思想、互动、服务、教育方面得到充分的加强，扩大网络文化的育人覆盖面和社会服务面。2014 年，在中央全面深化改革领导小组会议上，习近平强调要不断强化互联网思维，坚持先进技术为支撑、内容建设为根本，深入推动新媒体建设。同年，习近平提出，要创新网上宣传的方式，运用网络传播规律，把握好网上舆论引导的时间、尺度、效率，使网络空间清朗起来。2014 年，教育部办公厅、国家互联网信息办公室秘书局对易班全国推广进行了安排和布置；提出用三年时间，将易班建设成一个全国性的高校大学生网络互动社区，并将思想政治教育、教育教学、文化传播、休闲娱乐等功能集于一体。2015 年，中共中央办公厅、国务院办公厅明确要求各高校要全面加强网络思想政治教育相关阵地和平台的建设，形成网络思想政治教育育人合力。2015 年，中共中央宣传部、教育部从思想政治教育课程建设方面，提出大力发挥网络优势，推进网络思想政治教育优质网络资源建设的要求。

2015 年，习近平视察解放军报社时指出，要顺应当前时代发展潮流，掌握互联网发展的局势，敢于突破常规，敢于深入变革，深刻剖析互联网的优势，在发展理念、方式、具体内容以及机制体系等方面进行全面的创新，强化互联网思维和一体化发展理念。习近平在文艺工作座谈会上的讲话中指出，互联网技术和新媒体使文艺形态发生了新的变化，要适应形势发展，抓好网络文艺创作，加强正面引导力度，要在全社会大力弘扬和践行社会主义核心价值观，使之像空气一样无处不在、无时不有。2016 年，习近平在党的新闻舆论工作座谈会上强调党的新闻舆论工作必须创新理念、内容、体裁、形式、方法、手段、业态、体制、机制，增强针对性和实效性，提出要主动借助新媒体传播优势。在网络安全和信息化工作座谈会上，习近平作出依法加强网络空间治理的重要指示。2016 年，习近平在中共中央政治局第三十六次集体学习时强调，互联网新技术新应用不断发展，使互联网的社会动员功能日益增强；要传播正能量，提升传播力和引导力；要强化互联网思维，利用互联网扁平化、交互式、快捷性优势，深刻认识互联网在国家管理和社会治理中的作用。在全国高校思想政治工作会议上，习近平指出高校要坚持把立德树人作为中心环节，把思想政治工作贯穿教育教学全过程，实现全程育人、全方位育人。习近平强调，做好高校思想政治工作，要因事而化、因时而进、因势而新。

2017 年，中共十九大报告明确提出建设"网络强国"的目标，提出"加强互联网内容建设，建立网络综合治理体系，营造清朗的网络空间。落实意识形态工作责任制，加强阵地建设和管理"，"善于结合实际创造性推动工作，善于运用互联网技术和信息化手段开展工作"。2017 年，中共教育部党组提出，要将网络育人放在更加重要和突出的位置，把网络融入思想政治教育工作的全过程，并对以网络为主要抓手的高校思想政治教育工作进行全面的安排和部署。2017 年，共青团中央委员会、教育部专门就"强化网络育人、大力创新推动网络思想政治工作"进行安排部署。

随着互联网的发展，网络思想政治教育日渐成为加强和改进大学生思想政治教育工作的热点和难点问题，受到党和政府的高度关注，也成为学界的研究重点。大学生在哪里，思想政治教育工作就应该做到哪里。从发展脉络来看，网络思想政治教育紧跟时代发展、网络兴起而诞生，网络思想政治教育本身也随着网络的发展和普及而不断充实、完善。特别是在网络化社会中，网络思想政治教育在研究和实践中所呈现的新变化、产生的新问题，更应该引起学界的高度重视。

网络新技术的发展，使得网络思想政治教育面临的形势更加复杂，面临的问题更加严峻。一方面，云计算、大数据等新技术大量运用于互联网的各种应用场景。我们通过对海量用户数据的深度挖掘和分析，能够掌握用户网络行为的喜好，几乎可以实现对每位用户的一对一定制服务，极大增强了互联网应用的黏性，使用户获得更好、更实用、更亲近的服务。另一方面，全网互联互通已经成为不可逆转的趋势，整个网络朝着平台化方向发展。网络平台有云计算和大数据的支持，网络平台的目标就是提供用户需要的服务，包括即时通信、网络搜索、网上购物、生活旅游等；网络平台的前端，就是不同的网络软件、手机 App 或者网站。显然，以前的网络思想政治教育，过于集中地对特定网站、特定网络应用、特定 App 或者特定网络技术进行分析研究，其在新形势和新技术条件下已经不合时宜。在商业领域中，越来越多的公司、产品进入到更具有优势的平台企业、平台产品中，以获取更好的生存、成长空间。网络思想政治教育必须置身于整个网络中，并和网络中的方方面面产生关联，而不是只应用在网络中的某一个方面或者某一个应用。在这个网络思想政治教育平台上，每一项技术、每一种应用，都通过不同的方式，在其相应的领域范围内发挥作用，对用户产生影响。网络思想政治教育平台就是要考虑网络对用户的影响，把有益的影响加强、放大，把不利的影响消解、限制，把强化思想政治教育的技术手段、网络应用进行丰富和完善，并剔除不利于网络思想政治教育的技术和应用，进而在网络中形成综合性的思想政治教育解决方案。

高校网络思想政治教育平台在为高校思想政治教育的开展提供了良好环境和空间的同时，也提供了载体和方法。在新形势下，高校网络思想政治教育平台不断发展和变化。从当前高校网络思想政治体系教育平台的应用与实践出发，高校思想政治教育正朝着越来越集约化、平台化、综合化、系统化的方向发展。这也适应了当前整个互联网的发展方向。例如，作为全国统一的、功能丰富而强大的易班，受到了国家相关部门的高度重视，并首次从国家层面进行全国范围内建设和推广。易班的全国推广连续被列入教育部和国家互联网信息办公室年度工作重点，形成了政府主导、多方参与、全国推广的易班模式，平台系统性、综合性的优势明显。易班的建设发展，代表着高校网络思想政治教育平台实践应用的新思路和新变化。

过去几年，云技术、大数据已经引起了思想政治教育学界的高度重视，相关研究也得到了积极开展，并逐步在高校网络思想政治教育平台的开发建设中得到应用。同时，以虚拟现实、人工智能、区块链等为代表的网络新技术和以今日头条、抖音、快手、火山小视频等为代表的网络新应用，正在逐渐改变整个互联网的布局和生态，对高校网络思想政治教育平台的研究和实践带来了机遇，也提出了新的挑战。在互联网发展速度愈发加快的情况下，高校网络思想政治教育平台必须对热点问题予以密切关注，并做出及时回应。同时，互联网思维也越来越受到学界的重视和认可，成为高校网络思想政治教育平台研究的新思维和新理念。

面对新时代和新条件，面对网络思想政治教育的新机遇和新挑战，高校网络思想政治教育平台研究与实践需要进一步解放思想、实事求是、开拓创新。因此，我们要坚持高校网络思想政治教育平台研究的思维创新、研究路径创新、研究方法创新，以更加互联网化的思维、更加解放思想开拓创新的思维、更加理论联系实际的思维，创造性地推动高校网络思想政治教育平台的研究与实践；要紧密结合高校网络思想政治教育平台"互联网"化的一面，遵循互联网思维，研究好高校网络思想政治教育平台的相关理论问题，指导好高校网络思想政治教育平台的实践和应用。

1.1.2　研究价值

网络思想政治教育的新思维。平台化的思维就是互联网的思维，在"互联网+"战略中，互联网本身就是一个最重要而广阔的平台，各行各业都要通过运用先进技术与互联网平台充分结合，促进自身产业的深刻变革。高校通过网络途径实施思想政治教育，就是实施"互联网+思想政治"教育。网络思想政治教育，应该是网络和思想政治教育的充分融合，是互联网对传统思想政治教育的深刻革新。高校网络思想政治教育平台，也绝不仅限于高校网络思想政治教育的网络化，即传统意义上高校思想政治教育在环境、条件、方法、渠道上的变化。首先我们要突破传统的思想政治教育研究思维和研究定式，创造性地开展相关研究。我们不仅要开展高校网络思想政治教育平台基本构成、开展要素、开发建设、运营维护、管理方式等方面的研究，而且要开展网络平台相关育人机制以及效果的研究。马克思主义基本原理和方法为网络思想政治教育研究提供了理论指导；同时由于网络技术在网络思想政治教育中应用广泛，因此我们对网络技术的研究与应用应该更加重视，更加注重对相关知识（管理学、社会学、心理学、教育学等）的借鉴和应用。我们要突破过去以传统思想政治教育研究新的高校网络思想政治教育平台的思维，更多地从多学科角度，从网络技术和网络产品发展的角度，进行深入研究。最后，我们要立足于高校实践来开展研究，建设好高校网络思想政治教育平台，服务好高校网络思想政治教育的目标，把实践性、实用性、针对性放在更加重要和突出的位置，不能为了研究而研究。

高校网络思想政治教育的新内容。高校网络思想政治教育平台的提出，为高校网络思想政治教育的研究和实践明确了具体对象。高校网络思想政治教育平台是高校网络思想政治教育实践经验的总结，也是加强高校网络思想政治教育研究的实际需要。围绕高校网络思想政治教育平台开展相关的研究和实践，既有利于具体工作的开展，又有利于理论和实践的结合，形成创新性、针对性的成果。同时，以往对网络思想政治教育平台的研究通常将其视为一个新环境、新方法、新载体，在实际研究中通常采取单独的方式对个案进行研究。若从一般意义上对网络思想政治教育平台进行理解，平台的定义已经超越了环境、方法、载体的范畴。一方面，网络是开放的，网络资源、网络应用极为丰富，把整个互联网视为思想政治教育的新环境、新方法、新载体，这在理论上是可行的，但在实践中很难实现；另一方面，互联网对人的影响并不是一个或者几个网络应用带来的，也不是某些网络资源就可以实现的，互联网对人的影响是系统的、全方位的、持续的、反复叠加的过程。网络思想政治教育平台就是将其中发挥重要作用的网络资源与应用集中起来，通过相互协作、相互配合的方式来开展网络思想政治教育。网络思想政治教育平台由思想政治教育中的多个要素组成，是一个综合的整体，因此，我们不仅需要对平台内各个组成部分进行深入的研究，更要研究网络思想政治教育平台发挥作用的机制。

在很长一段时间内，网络思想政治教育平台的实践探索不断地推动理论研究的发展。从网络思想政治教育平台的自建到利用流行网络应用搭建思政教育平台，再到全国性的易班建设；从红色网站的兴起到网络、论坛、博客、社交网络，再到对网络搜索引擎、QQ、微博、微信等应用的关注，网络技术的革新带来了网络思想政治教育平台的更新换代，并使得研究热点发生了变化。高校网络思想政治教育平台会在新兴技术出现后掀起新的研究热潮，网络思想政治教育平台的实践始终领先其理论研究。网络思想政治教育的研究具有一定的规范性，而网络平台的实践则直接依托快速发展的互联网行业和日新月异的互联网新技术。

高校思想政治教育平台发挥作用的机制以及对该平台的评价是网络思想政治教育实践中需要克服的另一大难点。当前的网络技术愈加发达，充分利用先进技术将有助于打开思路，从全新的角度进行全新的探索。网络思想政治教育平台能让最多的用户进入网络思想政治教育平台体系中来。同时，我们通过对平台大数据的分析，能对用户相关信息进行一定程度的定性定量分析。长时间的数据跟踪与分析能实现对网络思想政治教育平台作用机制的初步评价。

对网络思想政治教育平台的研究在推动教育信息化、现代化发展，加强网络空间治理、净化网络环境等方面有着积极的实践意义。

1.2 相关研究现状

1.2.1 国内研究现状

笔者以 2017 年年底为时间界限，以"网络思想政治教育平台"为关键词在中国知网（CNKI）进行查询，共有 25 篇论文；以"思想政治教育"+"网络平台"为关键词进行查询，共有 86 篇论文。论文大都是围绕网络思想政治教育平台构建这一主题展开的。以"思想政治教育"+"QQ"为关键词进行查询，共有 34 篇论文；以"思想政治教育"+"微信"为关键词进行查询，共有 613 篇论文；以"思想政治教育"+"微博"为关键词进行查询，共有 934 篇论文；以"思想政治教育"+"SNS"为关键词进行查询，共有 28 篇论文；以"思想政治教育"+"论坛"为关键词进行查询，共有 98 篇论文；以"思想政治教育"+"博客"为关键词进行查询，共有 160 篇论文。

通过查询，笔者发现，首先，虽然直接以"网络思想政治教育平台"为主题的研究数量较少，但与高校网络思想政治教育平台相近的主题研究成果相当丰富，内容涵盖重要性必要性分析、建设运营分析、作用发挥分析、对策建议分析等多个方面，这表明学界对加强网络思想政治教育平台研究已经形成共识，对平台研究的重视程度在不断加深。以"易班"为关键词进行查询，在 CNKI 中共有 290 篇文章，文章跨度为 2011—2017 年，且文章数量呈逐年递增的趋势。其次，网络思想政治教育平台在学界的见解各异，尚未形成统一的认识。在实践中，大量用于网络思想政治教育平台的应用、App 被不断重复研究，但是在"网络思想政治教育平台"的概念提出、如何定义等方面仍然存在较大争议，各方意见存在较大的差异。网络思想政治教育平台是典型的互联网思维下的产物，相关研究需要充分体现互联网思维，把"网络性""平台性"放在更加重要而特殊的位置，而不仅仅是延续传统思想政治教育的研究思路。最后，网络思想政治教育与教育学、政治学、心理学、社会学、信息技术、传播学等都有很强的关联性，但目前的研究成果从多背景下开展研究的文章有限，具体的内容也不深入，空论、泛论居多。互联网技术在高校网络思想政治教育平台的应用和研究情况，可以直观反映我国高校网络思想政治教育平台的研究和实践的现状。

我国在 1994 年正式成为国际互联网成员，同年我国正式启动了中国教育和科研计算机网（CERNET）建设项目。高校网络建设受到了国家的重点关注，高校信息网络硬件建设发展很快，但高校对网络利用的程度有限。同时，大学生开始接触网络，受到来自网络的影响，但上网人数少、网络使用率低，国家、高校、大学生对网络都还在摸索、建设阶段，网络思想政治教育软环境正在逐渐形成。1998年年底，清华大学出现的"红色网站"，是高校开展网络思想政治教育最早的实践和探索，"红色网站"也可以视为高校网络思想政治教育平台的雏形。随后，"红色网站"从最初的党课学习小组，不断扩大到团总支、党支部，再到清华大学汽车工程系和全校，甚至全体网络用户都可以访问"红色网站"，形成了星火燎原的态势。同年，汪春翔在毕业论文《论社会信息化浪潮与思想政治教育》中指出，从事思想政治教育的工作者在实际工作中要不断满足新形势下的要求，要善于运用国际互联网络，掌握思想政治教育的新技能和新手段，以更加开放的观念、更加务实的态度开展高校思想政治教育。虽然网络思想政治教育的概念没有被明确提出，但是汪春翔已经前瞻性地预判到网络对思想政治教育的重要性并在早期就对其进行了关注。

2000年，"网络思想政治教育"的概念由刘梅率先提出，即根据传播学原理和思想宣传的理论，利用计算机网络所进行的思想政治教育。高校网络环境在这个阶段仍然在建设过程中，高校对网络的认识还很简单和肤浅。全国各高校的网络建设情况各有不同。不少学者敏锐地意识到互联网即将对思想政治教育带来的巨大机遇以及严峻挑战；以富有远见的眼光在其机遇、对策、影响等方面进行了深入的研究；做了相应的展望——将网络应用于网络思想政治教育的开展中。基于当时的网络技术，Web1.0时代网站的主要特点是：在内容上，网站负责收集和整理相关网络信息，用户只能被动点击查看相关信息；在交互性上，只有网站和用户之间的交流，且基本是单向交流；从技术上看，信息呈现方式较为原始，用户体验较差。无论是当时社会上流行的网站如搜狐、新浪等著名商业网站，还是高校中陆续兴起的各种各样的"红色网站"，均是如此。这些网站必须通过不间断更新，不断吸引和保持用户点击量和浏览量才能生存。到后期，基于更新维护的原因，高校大部分的"红色网站"都已名存实亡。

在这一阶段，学者们对"红色网站"的关注度极高，对建设思想政治教育网站的必要性以及重要性做了研究，对网站建设的方法、思路、措施以及网站建设的经验进行总结并提出发展建议。胡钰提出，建设思想政治教育网站的根本目标是在网络传播的虚拟空间里弘扬马克思主义的主旋律，让思想政治教育网站成为马克思主义的舆论新阵地，要提出明确的建设目标并建立科学的建设机制。陈宇瀚提出，"红色网站"在建设和发展中应该提高高校的重视程度、培养选拔高素质的网站建设专业技术人员与大学生一起进行"红色网站"设计与优化、对高校红色网站维护进行科学管理三个方面入手，抓好思想政治工作的网络阵地。侯志军、黄燕提出，高校"红色网站"的基础是复制现实思想政治教育的内容，充分利用网络技术手段，强化个性化、交互性、针对性，实现对现实思想政治教育内容的超越，从而赋予"红色网站"持久的生命力。郭天平、赵为粮提出，占领网络阵地、建立思想政治教育专题网站是思想政治工作与时俱进、开拓创新的必然要求，同时，他们对网络思想政治教育网站建设经验进行了总结。于歆、郭艳杰提出，应以求真务实的精神，运用新技术手段，建立高校思想政治教育工作网站并实现科学管理，建设一支网络思想政治教育工作队伍，对高校师生进行实效性、针对性的思想政治教育。

2003 年，黄晓梅等提出，思想政治教育要将计算机技术及网络的作用充分发挥出来，通过网络思想政治教育新平台的建设，实现教育性、服务性、娱乐性相结合，先进性与广泛性相结合，共性与个性相结合，开展思想政治教育的探索与实践。在当时的网络条件下，用户接触最多的网络应用和网络资源就是网站。学者所提及的网络思想政治教育新平台，就是高校网络思想政治教育专题网站。2004 年，王良忠、史美芳在《校园网络中思想政治教育平台建设的思考》一文中对如何做好校园网络的思想政治教育平台提出了五点思考：一是抓好网络思想政治工作队伍建设；二是建立网络宣传思想政治教育"集团军"——占领网络阵地；三是创新思想政治教育工作方法；四是高扬共同理想，增强说服力和战斗力，唱响社会主义主旋律；五是提供网络培训、开发、研究和活动经费，形成一套机制。文中所指"校园网络思想政治教育平台"的样本来源依旧为当时众多高校存在的以网络思想政治教育为专题的网站，但其在平台建设方面涉及人员、技术、内容、经费、网上网下联动等多方面，对网络思想政治教育平台的建设和思考更加系统和完整。

Web1.0 和 Web2.0 有着显著的区别。从网站提供的内容看，Web1.0 通过网站集中供应的方式，通过相关网站运营商对以往网络上未曾出现的内容进行收集与整理，并放到网上去；Web2.0 则通过用户的分享和协作在网络中传播知识和内容，整个过程融入了用户对知识有意识地再组织和再加工，将产生出新的思想火花。从内容产生者的角度看，Web1.0 时代是以网站运营商为主体把内容往网上搬，内容虽然要照顾用户的喜好，但是更多地体现网站运营商的喜好，而 Web2.0 时代则是以用户为主体把新内容往网上搬，虽然网站运营商也会进行审核，但是更体现了用户的意志；从用户使用的角度看，Web1.0 时代是网站为主，Web2.0 时代是以用户之间点对点交流为主，特别强化用户之间的互动和沟通；从技术上看，Web2.0时代技术更加成熟，不仅有传统的网站模式，而且独立的网络客户端、多设备登录等均得到广泛运用；从网络环境的角度看，Web2.0时代无论在网络资源、上网人数、网络普及率等方面，较Web1.0时代都有了质的飞跃，用户已经可以用手机、智能终端上网。

在Web2.0时代，各种电子公告板、论坛、网络社区、博客等大行其道，天涯论坛、新浪博客、人人网、猫扑等网站均聚集了大量的用户。在这一时期，高校一方面顺应Web2.0的潮流，把"红色网站"从Web1.0版本更新到了Web2.0版本，使"红色网站"的互动元素更加丰富；另一方面，高校对网络思想政治教育的渠道进行积极的拓展，充分利用现有的资源如论坛、博客等，对思想政治教育资源进行传播和分享，比如在商业网站上建立红色博客、在商业论坛上开辟红色专栏、在商业的网络社区上开展各种各样的红色活动、建立红色QQ群等。这一时期，飞信、彩信等网络平台也得到了充分的利用和发展。从后期的效果来看，高校自建的网络红色阵地，在技术实力、访问人数、维护更新、信息安全、运营管理等方面都和成熟的商业模式有着巨大的差距。越来越多的高校选择利用现有的网络资源，建设自己的网络思想政治教育阵地。

Web2.0时代非常清晰地表明，网络技术的发展使得网络资源更加互联互通，呈现出"你中有我，我中有你"的态势，这既是网络的本质属性，也是网络发展的必然趋势。对比Web1.0时代和Web2.0时代，网络思想政治教育平台的外延和内涵都发生了极大的拓展，这主要表现为：从自建平台到"借船出海"，从重视技术开发到重视内容运营，从提供信息到分享交流信息，从平台的管理者到平台的参与者，从主要管理者单打独斗到人人参与，从单一内容的维护到多渠道多内容的协同。高校网络思想政治教育平台不仅在技术上、最后提供的产品（平台）上出现了较大的变化，其研究思路也开始逐渐适应实践中的变化。

从2006年开始，网络论坛（BBS）成为网络思想政治教育研究的热点，2007—2012年是BBS研究成果较为集中的时期。王海宁提出，BBS是高校思想政治教育不可忽略的阵地，高校应该充分认识和正确评估BBS在思想政治教育中的作用，根据其特点加强对校园BBS的建设与管理；何海翔提出了高校BBS基本的引导原则以及具体的引导体系；申文明提出了通过BBS进行思想政治教育，搞好"两课"教育教学的具体思考和建议；姜德学、姜丽丽提出了从构建"红色论坛"、加强主流思想教育，加强BBS管理、因势利导，精心设计、打造BBS特色，开展心理健康教育、提高大学生自身素质，培养

"意见领袖"，引导 BBS 文化，建设一支强有力的网络思想政治工作队伍六个方面充分发挥高校 BBS 思想政治教育的作用。同样，从 2005 年开始，网络论坛开始受到网络思想政治教育的极大关注，2006—2013 年是网络论坛研究成果较为集中的时期。2008 年—2015 年，网络社区开始成为网络思想政治教育的关注点。

2012 年，袁利民等提出，以高校门户网站、高校思想政治教育专题网站、高校交互式网站等多网站结合的方式，构筑大学生网络平台。他们针对网络思想政治教育平台建设中存在的问题，提出"政府主导，多方参与"的融合共建模式，解决高校网络思想政治教育平台各自为政的问题；整合资源，构建大学生惯用的校园网络教育综合平台，对高校网络思想政治教育平台的应用性不断加强；建设"手机上网平台"，使用户在高校网络思想政治教育平台中的体验得到优化；构建良性的社会网络生态环境，营造高校网络思想政治教育平台良好氛围等四方面的建议。此文章在过去研究的基础上，又有的新的突破：一是提出了以手机端作为突破口；二是提出整合资源，打造综合性、服务性、教育性为一体的大平台；三是明确提出要建设以政府为主导、高校等多方参与的建设模式。从当前网络思想政治教育平台建设发展来看，该研究具有很强的科学性和前瞻性。2012 年，安徽工业大学王务均对高校网络思想政治教育平台进行了初步定义，并介绍了搭建网络思想政治教育平台的重要意义、框架和原则、经验和做法。

Web2.0 时代的网络思想政治教育，已经走出了单纯地对红色网站的关注的模式，不再简单地复制思想政治教育的研究套路，开始更多地关注网络思想政治教育中网络应用以及技术带来的改变，加强了对网络思想政治教育系统性、整体性的研究。但是，因为思想政治教育学者自身对网络行业的发展、对网络技术的更新、对网络产品的特性等并没有充分的理解，特别是对互联网生态、互联网平台认识不到位，所以学界对高校网络思想政治教育平台的认识和研究依然还有较大的局限性，研究思维不够创新，研究视野不够开阔，对网络性重视不够。值得一提的是，在研究上和实践上，Web2.0 时代极大地拓展了网络思想政治教育平台的内涵和外延，平台性更加凸显。这一时期，高校自行开发建设了大量以论坛、社交网络为基本构架的网络思想政治教育平台，上海易班建设也起源于这一时期。但因为高校自行开发投入巨大、各自为政，此种建设模式未能起到很好的效果。另一种模式是各高校纷纷依托 QQ、人人网等成熟商业网络，建立了自己的网络思想政治教育平台。很快，随着用户兴趣的转移和商业网络的兴衰，绝大部分的网络思想政治教育平台最后又默默消失。

微博、微信的火爆，标志着网络"微"时代的到来。随着智能手机的普及和网络技术的不断发展，人们越来越多地使用手机上网，也让网络和人们的生产生活各方面紧密结合在了一起。"微"时代的典型应用就是微博和微信，其主要特点是：第一，去中心化。虽然微博上有"大V"，微信上有公众号，但微博、微信的基本产品思路就是共建共享，人人都可以提供服务，人人也可以享受服务。第二，庞大的网络平台构建了完善的网络生态圈。微博、微信从最初的社交需求入手，经过不断发展完善，已经基本形成了一个网络生态圈。通过微博、微信，你可以连接几乎所有的网络应用，满足你可能产生的需求，如购物、旅游、健身等。第三，连接一切。"微"时代的产品，不仅要连接网上的应用，更把触手伸向网下。越来越多的实体商店实现了线上线下同步，线上预订线下消费已经成为当前人们的习惯性消费选择，网络社会已经成为现实。第四，平台化。微博、微信等一大批"微"时代的典型网络产品，其产品实质是对网络平台的搭建。以微信为例，微信现在不仅是使用率最高的社交平台，同时也是最大的第三方支付平台之一，在游戏、娱乐、旅游、购物等方面，都能够在业内排名前三。微信的社交平台属性，为微信进入其他领域带来了极大的便利；微信在其他领域的发展和壮大，反过来又巩固了微信已有的社交平台地位。日前，微信已经成为事实上的带有垄断性的网络平台，用户绝大部分生产生活的需求，都可以在微信平台中得到满足；基于平台的优势，微信在各个领域基本做到了全面开花，进一步巩固了微信平台的地位。

对用户而言，网络进入"微"时代。用户被放在了更加突出和重要的位置上，因为用户决定了每个网络产品的命运，每个用户都可以在网络上找到自己的位置。你在微博上注册一个账号，就可以让全世界的人都看到你发布的消息；可以自主发布，也可以不断地转发、评论。人们在淘宝上开一个小店，就能够和全球网友做生意，既可以自己赚点钱，又能够顺带满足其他网友的购物需求；在优酷上传一段视频，既满足了用户的表现欲望，又娱乐了他人……每一个网络产品，都因为用户的投入而得以生存、发展和壮大。从另一个侧面讲，网络进入"巨"时代。一方面，虽然用户面对着五花八门的网络应用，但网络应用背后的东西却在悄然改变，用户在不知不觉中，已经被圈进了一个个网络平台中。当你越来越多地使用微信聊天的时候，你就自然而然地进入了微信所构建的网络平台中：在网上支付的时候，会选择使用微信；在选择网络游戏的时候，会选择使用微信相关游戏；在看新闻、咨询的时候，微信的朋友圈、订阅号都是不错的选择；甚至在导航的时候，也会使用微信的定位功能。另外，在网络和我们的生产生活融合越来越紧密，带来越来越多不同的生活体验时，其实我们的选择权却在变少。网络购物的时候，我们的选项大致都是淘宝、京东；在社交聊天的时候，我们的选择一定是 QQ、微博、微信；当进行网络支付的时候，我们的选择不是支付宝就是微信；当需要进行网络搜索时，我们点开的基本是百度。甚至当你成为几个重要应用的客户时，你会发现在很多常用网站上都可以免注册进行登录。用户"微"时代的背后，站着的却是早已为用户构建好网络平台的网络"巨人"。

在网络"微"时代下，思想政治教育平台在表面上无论是其中的教育者还是受教育者都可以主动发声，提出自身的见解，构建起网络思想政治教育的新阵地。但在事实上，首先就信息传播的角度来讲，仅凭网络思想政治教育的声音，在"微"时代的体系下其影响力是远远不够的。仅微博注册用户就过亿，每天微博信息量以 TB 计算，其中与思想政治教育相关的信息数量少，影响力非常有限。其次，网络思想政治教育不仅在信息传播方面需要充分地解决问题，而且要对它和网络娱乐、网络搜索、网络购物等看起来毫无关联，实际上影响巨大的各种网络场景的融合问题进行解决。最后，网络思想政治教育的开展，关键是能否站在网络"微"时代的这些网络"巨人"的肩上，调动好一切积极的因素，从更宏观的维度重新构建和完善网络思想政治教育平台。

2011 年，几乎是在一夜之间，微博开始成为网络思想政治教育的热点领域。特别是在 2013—2015 年，在万方数据平台中，关于微博的网络思想政治教育研究论文每年都在 500 篇左右。2014 年开始，微信开始成为网络思想政治教育的研究热点，2015—2016 年，在万方数据平台中每年也有 500 篇左右的论文专门研究利用微信平台开展网络思想政治教育。新的网络应用的出现、网络技术的发展，必然引起网络思想政治教育平台研究热点的转移。2014 年年底，易班建设推广计划正式实施，其目标是将易班打造成为全国规模最大、最具影响力的融合实习就业、教务教学、生活服务、文化娱乐等诸多功能的大学生网络互动社区。

网络大数据时代是网络"微"时代的必然发展。经常上网的用户都会发现，现在的网络应用越来越智能化。每次登录淘宝，网站就会自动推送你正在关心的商品；登录电影 App，刚好推荐的就是你经常订票观影的类型；打开团购网站，你最喜欢吃的附近的团购信息立即就呈现在页面上；今日头条上越来越多地呈现出用户关注的新闻类别。如此越来越人性化、定制化的服务，预示着网络大数据时代已经到来。首先，人们越来越多地利用网络解决生产生活中的各种事情。如何快捷地提供好网络服务、提升用户体验、节约服务费用，既是用户的需求，也是网络应用自身的需求。其次，用户使用的网络应用越来越集中，少数关键性的网络应用在各种场景中都会被反复使用，在客观上用户的数据信息相对集中。再次，技术的发展已经能够很好地解决"微"时代所产生的海量信息的存储、处理问题。最后，大数据时代的到来更有利于网络"巨人"进一步构建和完善自己的网络平台，增强用户的黏性和依赖度。在大数据时代，用户和网络应用的互动越频繁，网络应用所掌握的用户信息就越丰富，就越能够提供人性化、个性化的服务内容。从更高的层面讲，掌握海量用户的数据信息，显然对网络"巨人"的发展和规划起到了巨大的指引作用。

从2014年开始，大数据开始成为网络思想政治教育的热点研究内容，论文数量呈逐年上升的趋势。该类研究既关注了大数据在网络思想政治教育中的地位、作用、影响等方面，也对大数据在网络思想政治教育中的具体应用、实践等提出了有益的思考。学者对大数据技术的关注程度达到了空前的高度，大数据技术将对网络思想政治教育带来颠覆式的影响。将先进的网络技术真正融入网络思想政治教育工作中，真正融入高校网络思想政治教育平台的开发建设中，是大数据技术得以应用的前提和基础。在实践中，大数据应用存在很大的应用障碍、技术障碍和资金障碍，导致绝大部分高校都是有心无力。高校对网络思想政治教育平台有迫切的需求，但网络思想政治教育平台的大数据建设投入太大，导致绝大部分高校都难以完成。

从2014年开始，以"易班"为主题的研究文章开始逐年增加。作为全国性的高校网络思想政治教育平台，易班建设很好地满足了我国高校网络思想政治教育平台建设发展的不足。因为易班技术更为成熟，功能更为强大，设计更加规范。易班是第一个全国性的、综合性的高校网络思想政治教育平台。易班直接由政府进行推广，由专门的公司进行开发和维护；易班在提供强大功能的同时，几乎不需要高校进行大量的人、财、物投入，极大地激发了广大高校应用易班的积极性。学者在对易班的研究中，除了对易班开发建设的重要性、必要性的研究，还涉及了易班建设、推广的思路、办法和举措，易班在高校的具体应用，网络技术、网络应用和易班的结合等方面。易班研究使得易班的学术性进一步增强，对易班开发建设指明了方向，也带来了易班推广应用的新热潮。在大数据阶段，易班更加注重以技术为引领推动功能的提升，根据易班多年的运行数据，对易班功能进行了细分，针对不同用户群体，推出了一系列的易班衍生产品；根据各地区、各高校的大数据分析情况，有针对性地提出了易班建设发展的具体计划和方案；加强了对后台数据的挖掘，开始将大数据应用于网络舆情监控、高校网络热点预测、大学生网络行为预测等，极大地提高了网络思想政治教育平台的有效性和针对性。

1.2.2 国外研究现状

国外没有思想政治教育的专门学科，因此也就不存在网络思想政治教育一说。但总体来看，加强网络空间管理、加强网络信息管控，充分发挥网络在信息传播方面的优势，是全球性的共识。尤其是西方发达国家，更会采取各种综合管理手段，确保网络空间可管可控，服务于国家战略。

首先，各国均通过制定严格的法律加强对网络空间的管理和控制。20 世纪 70 年代末，美国佛罗里达州就出台了有关网络空间管理的法案——《电脑犯罪法》，随后的一段时期美国先后有 47 个州颁布了《电脑犯罪法》。20 世纪 70 年代以来，美国政府先后提出 130 项与电脑和网络空间管理相关的法案，在 1981 年还专门成立了全美电脑安全中心。20 世纪 90 年代，美国对网络空间的管理进一步强化，制定了《儿童在线隐私保护法》《数字千年版权法》《反域名抢注消费者保护法》《反垃圾邮件法案》等。在"9·11"事件发生后，美国出台《美国爱国者法案》，对公民网上通信的管控达到了前所未有的程度。日本、韩国、德国等发达资本主义国家，均出台了严厉的网络管控法律，对网络管理进行了严密、严格的规定，人们一旦触犯，后果非常严重。

其次，各国在学校课程教育体系中均加入了网络教育的内容，网络素养教育从小学抓起。美国从幼儿园开始就引入网络伦理教育内容，注重培养学生的网络责任。美国建立了《学生学习的信息素养标准》《美国高等教育信息素养能力标准》《国家教育技术学生标准》等一系列信息素养标准，在制度层面上保证网络伦理教育的有效开展和实施。韩国、日本等国家也将网络伦理教育、网络道德教育作为学生各阶段的重要课程。

最后，各国均非常注意对影响力广泛的重点网络平台、网络媒体的管控。一方面，各国的大批名人、机构，均非常重视利用网络平台的重大影响力，纷纷在脸书（Facebook）、推特（Twitter）等网站上设立账号，广泛进行政策宣传。同时，各国也非常重视和这些重要的网络平台保持良好的关系，善于利用这种亲密的政企关系处理各种问题。例如，一旦美国政府需要，在 Facebook、Twitter 上不受美国政府欢迎的留言、评论就会马上消失。另一方面，西方各国政府也善于使用"大棒政策"，时不时发起针对这些大型网络平台的诉讼、专项调查等，经常性地对网络平台进行敲打以达到听从政府指令的目的。各国虽然未通过设立相应的平台进行思想政治教育，但依靠这些综合手段的控制，其效果并不亚于开设专门的网络思想政治教育平台。更进一步讲，从美国政府对 Facebook、Twitter 等大型网络平台的管控来看，这些网络平台实际上也在为美国发声、替美国政府代言，进而对广大用户进行教育、引导和控制，从另一个层面发挥着类似网络思想政治教育平台的作用。

1.3　基本概念释义

1.3.1　平台和网络平台

平台通常指高于附近区域的平面，引申为开展某项工作所需要的环境或条件。平台的概念在 IT 行业中被广泛使用，如软件平台、硬件平台、网络平台、Windows 平台等。以硬件平台为例，硬件平台通常指为满足相应软件运行，由一系列硬件设备组成的环境。如 Windows 系统的硬件平台，就是由相关硬件设备共同组成的满足 Windows 操作系统正常运行的环境，包括中央处理器（CPU）、内存、硬盘、主板等，简单地讲，一台电脑就是最具体的 Windows 系统的硬件平台。再比如软件平台，软件平台指为开展某项工作或为保证某种软件正常运行，所需要的环境或条件。显然，软件平台的基础是硬件平台，缺乏合适的硬件平台，任何软件平台都是无法实现和工作的。软件平台又有其特殊的要求，比如某些软件只能在 Windows 系统中运行，甚至还需要在 Windows 操作系统中再提前安装部分辅助性软件才能正常使用；某些软件只能在安卓系统中运行，并对安卓系统的软件构成也有特定的要求。硬件平台既可以是非常复杂的硬件组合，也可以是非常简单的硬件组合；既可能只需要基本的硬件设备，也可能需要提供硬件设备相应的辅助设备和辅助软件。硬件平台的具体构成和硬件平台的作用、目标相关以及平台自身如何定义无关。因此，平台本身是一个相当宽泛的概念，并不适合进行严格的定义。在商业领域，平台通常被视为解决方案，可以是一个产品，也可以是一套产品。平台的核心是：解决什么问题、如何解决问题。

在互联网领域，平台的概念和互联网的商业生态紧密联系。如淘宝网在中国受到了广大用户的欢迎，为人们购物提供了平台，也是世界范围内最大的电子商务交易平台之一，截至 2017 年，注册用户数超过 5 亿，在线商品数达到 8 亿件。互联网领域的淘宝平台不仅指由阿里巴巴提供的淘宝这套电子商务平台，而且也暗含了和淘宝平台相关的、和阿里巴巴电子商务相关的线上线下资源，包括淘宝的商品、商家、服务，淘宝的各种衍生应用和服务，和淘宝相关的所有的资源和项目，如旅游、通信、物流等商品或服务。当前淘宝的发展，早已超越了电子商务平台的范畴，淘宝及淘宝的相关衍生服务，已经和每个人紧密地绑在了一起。因为淘宝和人们的生产生活的这种紧密关系，淘宝平台事实上已经成为新的商业生态。淘宝平台又孵化出了无数和淘宝平台共荣共生、相互支撑的新的平台和应用。比如脱胎于淘宝的支付宝，又构成了一个新的支付平台，但同时，支付宝平台又为淘宝平台提供了强大的支撑。

在思想政治教育的语境中，人们通常会将互联网（Internet）细分为电脑端的互联网和手机端的移动互联网。电脑端的网络和手机端的移动网络实质上只是上网设备的区别，用电脑上网通常必须在固定的场所，用手机或者其他小型智能设备上网，则完全可以做到"移动"上网。也因为手机上网的便捷性，在最新的调查中，我国手机网民数量增长迅速，而电脑网民的数量则在缓慢回落。在更早时期，根据网络的类别，网络会划分为国际互联网、城域网、局域网、校园网；根据网络的出口不同，网络会划分为商业网、教育网；根据浏览方式的不同，网络会划分为电脑网络和手机网络；等等。网络的飞速发展以及人们生产生活的需要，互联网、移动电话网络、电视信号网络等各种网络早已经实现了多网合一、互联互通，现在人们提到的网络，就是互联网。网络平台就是由互联网构成的大平台、大环境。网络平台既是各式各样的网络应用的运行环境，也是移动电话信号的传输环境，还是电视信号、广播信号的传输环境。

在思想政治教育的语境下，网络平台有三方面的特点值得特别关注：第一是跨平台性。跨平台性是指网络平台具体指向的是互联互通的网络基础和环境，和具体的网络硬件、网络设备无关。在以往网络思想政治教育的相关研究中，人们对网络平台的认识往往局限于对网络硬件的认识。以网络硬件来认识网络平台，显然并不能抓住网络平台的本质特性。比如，在高校校园网的范围内，网络思想政治教育平台可以成为校园网络的主流，能够做到牢牢占领校园网内的网络阵地。但是，高校校园网不是独立存在的，校园网的用户不仅会访问校园网内的资源，更会访问校园网外的资源。网络思想政治教育平台在校园网范围内取得的优势，并不必然代表在整个互联网范围内都能取得优势。恰恰相反，校园网内的思想政治教育平台在整个国际互联网中，能够带来的影响几乎为零。第二是共享性。在这个全球一体的网络平台中，网络平台中的任何信息都是共享的，网络平台中的任何资源都会和其他资源进行交换，网络平台中的任何网络软件和网络应用，都在和网络平台中的其他网络软件和网络应用产生沟通和联系。网络平台中的任何信息和资源都不可能成为孤岛，断开与其他信息的关联。在这种关系背景下，网络思想政治教育在开展过程中面临的困难和机会，比预料中更多、更具体。网络思想政治教育的交流与互动涵盖了整个互联网络，优秀的、有价值的资源就会不断被重复、被共享，而不好的网络思想政治教育资源就会被质疑、被抛弃，甚至对整个网络思想政治教育工作产生负面的影响。第三是技术性。先进的网络技术是互联网的生命，互联网的诞生和发展，都和网络技术息息相关。同时，网络之所以能够对社会及人们的生活方式产生重要影响，主要归功于先进网络技术的普及运用。网络思想政治教育产生的重要前提就是互联网，更具体地讲，就是依赖于先进的网络技术。没有先进的网络技术，就不可能有网络思想政治教育。因此，我们要深刻把握网络平台的技术内涵，要用互联网的思维、互联网的方法对网络平台进行全面的认识和理解。

1.3.2　高校网络思想政治教育平台

互联网本身提倡开放、包容，很好地契合了思想政治教育的理念。网络思想政治教育，本身也是丰富网络世界的重要组成部分之一。随着网络技术的不断发展，网络思想政治教育必将随着网络的发展而受到更多的重视与关注。网络社会的到来，为网络思政教育研究的进步与发展提供了巨大的推动力，互联网也在不断更新、丰富学界对高校网络思想政治教育平台的认识。之前的研究过程也表明，对网络思想政治教育平台的认识，逐渐从模糊到清晰，从简单到复杂，从单一的思想政治教育到综合的教育管理服务，从高校独立建设到全社会共同参与，从各自为政到高度集中整合，从单兵作战到整合各方资源，并相互协同。从基本构成来说，高校网络思想政治教育平台，就是在高校中为开展思想政治教育工作所需要的各种资源的综合。高校网络思想政治教育平台既有硬件的部分，也有软件的部分；既有思想政治教育特殊的单独的部分，也有和其他网络应用交叉、融合的部分；既有思想政治教育的资源和内容，也包括网络层面的资源和内容。不管是何种资源、渠道、内容或方式，只要能推动网络思想政治教育，都可以认为是高校网络思想政治教育平台或者其中的一个组成部分。长期以来，我们一般都把专门的网络思想政治教育网站作为网络思想政治教育的主平台、主阵地、主渠道。如果从更宏观的层面看，网络思想政治教育的专门网站也只是一个局部的网络思想政治教育平台，是作为全国以及整个网络范围内的网络思想政治教育平台中的一部分。狭义的高校网络思想政治教育平台的主要功能和任务就是完成高校网络思想政治教育工作，是高校若干业务平台中的一个专门平台；高校网络思想政治教育平台功能和任务的发挥和完成，又离不开高校其他业务平台的配合，包括教务教学、后勤服务、学生管理、文化活动等平台。这些平台各司其职、各负其责，又相互支持、相互配合，共同构成了更大范围内的高校网络思想政治教育平台。广义的高校网络思想政治教育平台，至少包括了全国的、整个网络范围内的各种网络思想政治教育资源、系统的协作与配合，共同构成体系更加复杂、功能更加强大的高校网络思想政治教育平台。

对上文的内容进行概括与总结可以发现，高校网络思想教育平台的本质是为其相关工作提供了适宜环境和条件，是网络思想政治教育工作有效开展所需的各种硬件设施以及相关资源的综合。高校网络思想政治教育平台是开展网络思想政治教育的主阵地、主战场，也是高校网络思想政治教育研究的重要内容，高校网络思想政治教育平台对高校育人工作具有重要的意义。

和过去的研究相比，当前高校网络思想政治教育平台的基本概念有新的变化。第一，研究思路的变化。过去对思想政治教育网络平台的研究，主要针对的是网络，并将其视为思想政治教育的新载体、新工具、新途径，沿用的是思想政治教育一贯的研究理念和研究思路。其好处在于延续了思想政治教育研究的传统，降低了跨学科、跨领域开展相关研究的难度；其不足之处在于，对网络社会化，网络对人多层次、全方位影响的重视程度不够，对网络技术，特别是网络技术对产品、对人的影响重视程度不够，对网络思想政治教育平台作为网络和人交往纽带的重视程度不够，缺乏开创性、创新性的研究思维和研究理念，其研究自然也难以形成真正有价值的成果。高校网络思想政治教育平台是典型的互联网思维下的用户产品，也是思想政治教育中重要的研究对象，很好地在网络和用户之间找到了纽带，也在互联网和思想政治教育之间找到切入点。尤为突出的是，高校网络思想政治教育平台中对网络元素更加重视，把网络和产品的特性放了更加突出的位置，更加符合互联网的思维，能够更好地从网络的角度，以突破传统惯性的思维去开展研究。第二，研究对象的变化。过去的研究与环境、载体、方法的传统研究范式具有紧密的联系，始终遵循思想政治教育的基本规范。但在研究和实践中，将高校网络思想政治教育平台规定为环境、方法或者载体等并不能全面反映其技术性、平台性、系统性的特征以及所发挥的独特作用。这也反过来证明，将网络思想政治教育平台作为传统思想政治教育要素开展研究，脱离了高校网络思想政治教育平台的实践，实质上是对长期以来高校网络思想政治教育平台建设、发展经验的背离。因此，研究高校网络思想政治教育平台，必须对环境、方法、载体等传统要素论的内容进行了整合与总结，增加研究思维、系统、关系等方面的内容，构建独立、准确、完整的网络思想政治教育研究的内容和方法。高校网络思想政治教育平台研究，重点在网络性和平台性，更强调实践性、针对性，简而言之，就是要对平台的开发、建设、运营、作用发挥等方面进行理论的研究和实践的指导。第三，研究价值的变化。高校网络思想政治教育平台是以高校思想政治教育解决方案的形式出现的，以网络思想政治教育产品的面貌进行认识。高校网络思想政治教育平台最重要的研究价值，就是对平台的构建以及平台作用的发挥。这既要形成独特的高校网络思想政治教育平台的理论研究成果，更要能够将理论成果直接转化和应用于开发与建设高校网络思想政治教育平台建设的实践中，显著地增强高校网络思想政治教育平台的针对性、有效性。

1.4　研究思路和研究方法

1.4.1　研究思路

本书主要围绕高校网络思想政治教育平台展开。一是梳理高校网络思想政治教育平台的理论基础，总结平台的形成与发展历程，明确高校网络思想政治教育平台作为具体的研究对象；二是对平台相关基本内容的研究，介绍高校网络思想政治教育平台的基本概念、特征、要素、分类和功能等，基于理论和实践的角度，回答高校网络思想政治教育平台是什么；三是对高校网络思想政治教育平台建设、运行、作用发挥和评价机制的研究，回答高校网络思想政治教育平台的实践应用以及其背后的作用机制和规律；四是以易班为例，进行高校网络思想政治教育平台的典型案例分析，并对之前的研究进行呼应；五是提出了对高校网络思想政治教育平台研究和发展的思考。

1.4.2　研究目标

本书研究的总目标是高校网络思想政治教育平台，具体包括：第一，对高校网络思想政治教育平台研究基础的梳理，探寻高校网络思想政治教育平台研究的起点；第二，对高校网络思想政治教育平台基本内涵的阐释，明确高校网络思想政治教育平台的基本内容；第三，研究高校网络思想政治教育平台建设与运营、作用和评价机制，开展面向应用和实践的研究；第四，高校网络思想政治教育平台发展研究；第五，以易班为例，进行高校网络思想政治教育平台的案例分析。

1.4.3　研究内容

根据本书的研究内容，本书结构分为 7 章。

第 1 章为绪论，主要论述研究目的与研究价值，国内外的研究现状，研究思路和研究方法，研究的重点、难点和创新点。本章对高校网络思想政治教育平台的研究价值、实践性、应用性做了重点强调。

第 2 章介绍高校网络思想政治教育平台研究的基础，从技术基础、应用基础、理论基础三个方面进行了阐述。技术基础是高校网络思想政治教育平台发展的前提，应用基础是高校网络思想政治教育平台的重要借鉴，理论基础是高校网络思想政治教育平台研究的理论支撑。

第 3 章介绍高校网络思想政治教育平台的基本内涵。本章在过去研究的基础上，提出了平台的基本概念，并对平台的特征、要素、分类、功能等内容进行了详细介绍。

第 4 章介绍高校网络思想政治教育平台的建设和运营，提出了高校网络思想政治教育平台的建设思路、建设模式、运营维护，并对高校网络思想政治教育平台的运营体制和机制进行了简单论述。

第 5 章介绍高校网络思想政治教育平台的作用发挥和评价机制，从环境熏陶、群体认同、灌输与渗透、实践与自我教育四个方面总结了高校网络思想政治教育平台的作用机制，从基本原则、评价对象、评价主体、评价方法、评价反馈五个方面对高校网络思想政治教育平台的评价机制进行了介绍。

第 6 章提出高校网络思想政治教育平台的发展思考，从理论联系实际的角度，提出加强高校网络思想政治教育平台的研究和实践要做到四个结合，即与高校流行文化相结合，与高校教育信息化相结合，与新媒体传播相结合，与法制建设相结合，以开拓创新、与时俱进的态度做好高校网络思想政治教育平台相关工作。

第 7 章介绍易班模式。易班是当前平台理论研究和实践应用的典型代表，也是国家重点建设推广的全国统一的大学生网络互动社区。本章重点对易班的基本情况、易班的特色和优势、易班的作用发挥进行了介绍，并结合本书的相关研究内容，提出了易班下一步的发展思路。

1.4.4　研究方法

（1）文献研究法。笔者通过专著、论文、报纸和网络，大量收集、分析、掌握材料，包括高校网络思想政治教育相关内容、网络技术的相关内容、网络思想政治教育平台相关内容等文献资料，再运用内容分析等手段，进行创造性的分析研究。本书更偏重于对网络文件的收集和整理。

（2）调查研究法。笔者对大学生使用高校网络思想政治教育相关应用、

App、网站等的实际使用情况进行了调查研究，通过用户反馈进行整理和分析。

（3）案例研究法。笔者对部分网络思想政治教育平台的应用场景开展案例研究，如易班的使用情况，QQ、微信的使用情况等，通过具体的网络思想政治教育平台的应用案例进行深入的分析研究。

（4）经验总结法。笔者通过调查、走访、座谈等形式，了解不同时期、不同技术条件下的网络思想政治教育平台的建设、使用情况，在加强总结的基础上开展深入分析。

（5）比较研究法。笔者通过用户、平台、案例之间的比较，开展网络思想政治教育平台的深入研究和分析。

1.5　研究重点、难点和创新点

1.5.1　研究重点

一直以来，网络思想政治教育研究都是高校思想政治教育研究的热点领域。本书研究的重点之一，就是对高校网络思想政治教育平台的相关内容进行全方位的梳理，对高校网络思想政治教育平台的基本内容进行明确的界定，包括高校网络思想政治教育平台的概念、基本内涵、发展历程以及高校网络思想政治教育平台的研究基础、建设与运营等内容。本书阐明高校网络思想政治教育平台在高校网络思想政治教育中的独特作用，厘清高校网络思想政治教育平台和过去的高校网络思想政治教育平台所利用的载体、所使用的方法之间的联系和区别，形成相对独立、完整、系统的高校网络思想政治教育平台研究对象、研究内容、研究体系。

本书研究的另一个重点内容，是高校网络思想政治教育平台理论研究与实践应用的结合。高校网络思想政治教育平台的学理性研究，不仅涉及马克思主义基本原理和方法，也涉及思想政治教育的基本理论，以及相关学科的理论和方法。高校网络思想政治教育平台的理论研究，处于多学科的交汇处，既是研究的重点，也是研究的难点。本书同时是立足于应用研究，因此高度关注高校网络思想政治教育平台研究成果的应用与实践，期望相关研究成果能够直接应用于高校网络思想政治教育平台的建设和运营，体现理论研究从实践中来，回到实践中去的特点。

1.5.2 研究难点

以往对于相似的研究对象通常遵循思想政治教育载体、方法、环境等传统研究思路开展，研究范围以对策、思考、建议为主；直接以网络思想政治教育平台为对象的研究成果较少。本书的研究难点，一是在过去研究的基础上，继续对高校网络思想政治教育平台的基本概念、分类、特征、功能进行总结和梳理，明确基本的研究对象。二是对高校网络思想政治教育平台建设、运营、管理、作用发挥等方面的体制、机制进行研究，对多学科交叉领域中高校网络思想政治教育平台进行理论性研究。因为此类研究会有大量思想政治教育与其他专业领域交叉、融合的内容，特别是如何将相关内容在思想政治在教育学科领域进行表述，预估会有较大的研究难度。三是在以往研究更重视理论研究的前提下，加强高校网络思想政治教育平台研究的实践性和应用性，同时又能够取得一定的理论成果，体现相应的理论水平。

1.5.3 创新点

首先，研究内容有一定的创新性。笔者对高校网络思想政治教育平台的研究已经持续了较长的时间，也取得了较为丰富的研究成果。本书对高校网络思想政治教育平台进行了全面的梳理，厘清了高校网络思想政治教育平台和过去所研究的高校网络思想政治教育平台的区别和联系，对高校网络思想政治教育平台的相关内容，进行了更为系统、详细、全面的阐述。

其次，研究思路有一定创新性。一是理论联系实际的研究思路，增强了研究成果在实践应用中的针对性和可操作性，让研究成果不再只停留在理论的层面。应用性的研究思路，也为全国广大高校开展网络思想政治教育平台的建设、运营提供了良好的借鉴。二是多学科领域交叉的研究思路。高校网络思想政治教育平台处于多学科交汇处，平台的建设、运营、作用机制，以及高校网络思想政治教育平台的体制研究，既有不同学科的理论、方法的体现，又有多学科交融下的相互影响和作用。

再次，研究方法有一定的创新。本书的研究方法不拘泥于传统思想政治教育的研究方法和思路，更加贴近高校网络思想政治教育平台实践和当前网络社会的发展趋势，研究方法充分体现了互联网的思维。本书把对高校网络思想政治教育平台的研究放在更加广阔的视野中，既有思想政治教育的研究方法，也有互联网的研究方法；既体现了教育性，又体现了技术性。特别是对于高校网络思想政治教育平台评价，本书提出了较为创新的评价思路和评价方法。

最后，高校网络思想政治教育平台承载了高校网络思想政治教育活动，构建了高校网络思想政治教育的环境，提供了高校网络思想政治教育的渠道和方法。开展高校网络思想政治教育平台研究，能够为全国广大普通高校网络思想政治教育平台的应用，提供行之有效的解决方案。特别是易班的引入，为全国高校网络思想政治教育平台的建设和应用提供了行之有效的解决方案。而过去的同类研究，或者是理论探讨居多，或者是实践难度太高。本书研究的有效性、针对性和应用性，同样是本书的重要创新点。

2 高校网络思想政治教育平台的研究基础

寻找高校网络思想政治教育平台的研究基础，就是要找到高校网络思想政治教育平台的研究起点，从实践应用基础、网络技术发展、学科理论支撑和借鉴三个方面，梳理高校网络思想政治教育平台的研究基础，把高校网络思想政治教育平台和过去对网络思想政治教育具体应用、具体软件的研究区分开来，创新高校网络思想政治教育平台的研究视角。

2.1 高校网络思想政治教育平台研究的技术基础

2.1.1 多媒体：思想政治教育方法极大丰富

超文本和多媒体的应用，不仅是网络思想政治教育的开端，也是当下众多网络技术、网络应用的起源。

超文本，通常指互联网中以非线性网状结构的方式对文本信息进行组织和管理的技术，是网络技术在网络思想政治教育中最初的应用。高校网络思想政治教育网站利用超文本技术，不仅能够有效组织和提供校内的网络思想政治教育资源，在理论上也能够提供全网范围内的网络思想政治教育内容。一个形象的比喻就是：过去只能提供一本书，现在通过高校网络思想政治教育网站，可以提供一个图书馆。超文本技术，就是图书馆的书单，能够直接指向图书馆提供的每一本书。超文本技术的应用，极大丰富了高校网络思想政治教育平台的内容和资源，同时也让网络思想政治教育资源的获取变得异常简单。

多媒体的应用，则进一步丰富了高校网络思想政治教育网站的资源提供方式。多媒体既包括了文本，又包括了图像、视频、音频等内容，从单纯的文字浏览，进入到图片欣赏、声音传递、视频播放的阶段。多媒体的应用，使得高校网络思想政治教育网站的教育方法更加丰富，能够营造出更加立体、生动的传播氛围。目前非常流行的各种网络短视频、各种视频网站、各种直播应用等，实际上都是源于多媒体技术。

2.1.2　点对点：思想政治教育有效性显著增强

P2P（点对点）技术，抛弃了过去服务器/客户端的概念，每一个节点都是平等的，也就是去中心化。P2P 技术让每一个接入网络的点，既是网络服务的提供者，又是网络服务的获取者；接入点越多，网络越发壮大，网络资源和网络服务越发丰富；接入点越少，就会严重影响网络中服务的供给。P2P 技术的应用，让每一个接入网络的点几乎都处于同等重要的地位。在 P2P 技术的影响下，高校网络思想政治教育平台进入了复杂的网络关系阶段。在 P2P 技术之前，还可以有权威的、占主体地位的高校网络思想政治教育网站的概念，可以进行网络思想政治教育的集中供给；在 P2P 技术出现之后，高校网络思想政治教育的所有节点都成为平等个体，教育者、受教育者都在平等地进行沟通和对话，每一个用户都可能成为网络思想政治教育的供给方或者需求方。教育者和受教育者之间的联系被削弱，受教育者之间的相互联系变得重要。过去，高校网络思想政治教育平台在某种程度上还可以视为高校网络思想政治教育的中心，能够起到一定的主动的教育、培养、灌输的作用；而在 P2P 技术之后，高校网络思想政治教育网站彻底地平台化，即聚集网络思想政治教育相关的各种资源，构建高校网络思想政治教育的网络环境或者网络条件。高校网络思想政治教育平台只能以更加隐蔽、松散、零碎的方式开展网络思想政治教育，甚至通过网络思想政治教育平台提供的各种服务、各种资源。网络思想政治教育平台中个体之间的充分互动，能够达到开展网络思想政治教育的目的。同时，在 P2P 中，用户相对独立、零散，且相对难于控制。只有真正好的网络思想政治教育平台，才能够不断吸引用户的加入，并进一步壮大平台。

2.1.3　大数据：思想政治教育从定性到定量的转变

大数据的实质依然是网络数据，但是其与一般数据有差别，运用一般的软件对其进行捕获、管理以及处理通常会耗费过多时间。大数据可以简单地理解为数量庞大、种类繁多的网络数据，必须依靠专门的工具和技术进行抓取、存储、分析和使用。业界将大数据的特点归纳为 5 个"V"：第一，数据体量（Volume）巨大，指收集和分析的数据量非常大，动辄就是 TB、PB 级别的数据量。第二，数据处理极为迅捷（Velocity），需要实时地进行数据的分析。例如，视频监控是一个连续的过程，其数据量巨大，但是真正具有价值的数据信息可能只有几秒。第三，数据类别（Variety）形式多样，大数据的来源非常广泛，海量的数据和不同的数据源使得其格式规范性不够，如网络视频、图片、位置信息等。第四，数据真实性（Veracity）高。大数据技术的目的就是为了分析和预测真实事件，数据真实性决定了分析和预测的准确度。第五，价值（Value）密度低，单一、少量的数据是没有意义的。大数据应用的基本思路，就是通过对海量数据的采集、处理、分析，找出数据相关性，通过对相关数据场景的控制，进而得到预期的结果。例如，目前在大型超市中，大数据技术得到了广泛的运用，通过对商品流转全过程的大数据分析，实时地进行商品控制，最大限度地加快商品流转，减少库存。

1980年，阿尔文·托夫勒在《第三次浪潮》中首次提出了"大数据"的概念。随着物联网以及云计算的发展和应用，网络数据快速增长，"大数据"的概念及相关技术开始受到业界的重视和追捧。到2012年，美国政府正式将大数据正式提升为国家战略。从2013年开始，大数据开始受到思想政治教育学者，特别是网络思想政治教育学者的特别关注。目前，学界对大数据在思想政治教育中的重视及应用形成了一致理念，并形成了一批有代表性的理论成果，但对大数据在网络思想政治教育中的具体运用研究不够。目前对网络思想政治教育的大数据研究，基本还停留在理论探讨的层面。显然，我们应该就大数据技术在网络思想政治教育的应用和实践方面更加着力，把重点放在大数据技术如何在网络思想政治教育平台的开发、建设和作用发挥中。更具体地讲，大数据应用的痛点在于高校网络思想政治教育中的应用场景。大数据技术构架，大致可以分解为：大数据的采集和预处理、大数据的存储与管理、大数据分析与挖掘。网络思想政治教育平台大数据既是一个理论研究的问题，又是一个实践应用的问题。网络思想政治教育大数据的解决之道，就是要通过构建高校网络思想政治教育平台，丰富高校网络思想政治教育平台的应用场景，通过用户对平台的频繁访问和使用，获取海量的数据信息。

首先，高校网络思想政治教育平台要能够实现网络数据的双向转换。不管用户的应用是哪一种，最终都是以数据的形式在网络思想政治教育平台上进行传输、存储、处理；同理，网络思想政治教育平台中的海量数据，最终也是以丰富多彩的各种网络应用的形式呈现在用户面前。网络数据和网络互动之间的相互转换，是网络思想政治教育平台最基础、最重要的功能，是大数据技术应用的前提条件。其次，高校网络思想政治教育平台是高校网络思想政治教育数据采集的平台。依托丰富的网络资源和网络应用，网络思想政治教育平台要构建好大数据采集的若干场景。大数据采集的基础是网络互动，网络思想政治教育平台上的网络互动越充分，所生成数据的数量和质量才越有保障。如果网络思想政治教育平台无法构建良好的网络互动场景，就不能激发用户、平台之间的充分、良好互动。再次，高校网络思想政治教育平台是网络思想政治教育大数据处理的平台。高校网络思想政治教育平台要解决大数据存储、梳理、分析、处理的一系列问题，都必须依靠先进的网络技术来解决，特别是涉及数据的备份和安全、数据分析和数据挖掘等问题。值得特别关注的三点是：一要重视数据安全。网络思想政治教育数据是开展一切大数据分析处理的前提，如果数据安全得不到保证，任何后期工作都无法开展。二要做好数据存储。不能用过去因果关系的思维来看待现在的大数据，因此网络思想政治教育平台中的数据应该做到大而全，即使现在看起来可能没有用的数据，在后期可能也会发挥巨大作用。三要充分考虑网络思想政治教育平台连接一切的特性。用户之间的互动，用户和网络思想政治教育平台之间的活动，网络思想政治教育平台内部各应用、各种服务之间的互动，甚至网络思想政治教育平台不同客户端之间的互动，网络思想政治教育平台和网下的互动等，都应该成为网络思想政治教育大数据的来源。最后，网络思想政治教育平台提供网络思想政治教育大数据应用的平台。人数据的收集、处理、应用，形成了高校网络思想政治教育平台运营的完整闭环。大数据基于用户对高校网络思想政治教育平台的长期使用，既能够为高校网络思想政治教育平台的建设、运营提供直接的应用支持，也能让高校网络思想政治教育更加科学化、个性化。

2.1.4　云技术：提供海量资源和服务的可靠支持

在高速传输能力的支持下，互联网可以将用户的所有信息和数据上传到"网络云"中，用户只需要连上网络，就能够像访问本地资源一样使用云端的各种数据和资源。云技术提供了更为可靠、更为安全、成本更低的服务方案，特别是对高校用户而言，其能够极大地节省各方面的人、财、物投入，将主要精力聚焦于服务本身。虚拟化技术可以视为云技术的一个分支，包括了存储、计算、网络的虚拟化等。虚拟化技术通过对硬件、软件资源的充分利用，能够在同等情况下提供更强大的服务能力。我们利于虚拟化技术，能够完全使得硬件和系统无关，省去了大量的硬件、软件维护工作。传统的本地化存储方案，一次性投入大、维护成本高，同时也存在设备载荷不均衡的问题，访问量大的时候传输能力受限，而访问量小的时候又会造成资源的浪费。分布式存储技术，同样部署在云端，既保证了数据的安全性，又保证了数据能够及时快速地访问，也不会造成性能的浪费。

当然，云技术也存在一定的安全风险和数据风险。云端设备一旦出现故障，则会造成巨大的影响和损失。在高校环境中，综合资金、设备、技术、人员等多方面因素，稳妥有序地推进云技术的部署是最优方案。特别是云技术具有很好的延展性，能够很好地适应高校网络思想政治教育平台扩展的需求。如果将视野扩大到全国范围、全网范围，基于云技术的高校网络思想政治教育平台则是必然选择；除此以外，尚没有任何的技术或者设备能够支撑如此规模的网络平台。

2.1.5 移动开发：全时全域在线的必然趋势

随着 4G 时代的到来，手机应用成为绝对的热门。随着移动网络资费的不断下调和手机处理能力的提升，越来越多电脑端的应用开始向手机迁移，手机成为人们上网的首选。手机应用的生活化、娱乐化，也推动了更多功能强大的手机应用的出现。手机应用的范围很广，狭义上可以说是手机上的某个软件，广义上也可以说是移动终端的某项网络服务，并没有绝对界限。手机应用的主要目的是提供更好的用户体验与服务，实现手机操作的便捷化、智能化、多元化。移动开发的主流技术包括：Java、NET、CSS、JavaScript、UI、HTML5、Linux、Objective-C 等。层出不穷的移动开发技术，最直接和最根本的目的，就是希望提供更便捷、更有效，功能更强大、资源更丰富的移动端产品和服务。

调查显示，在全国网民数量继续增加的同时，电脑上网用户数量在持续下降，而通过手机等移动终端上网的用户数量在不断增加。因此，移动开发必然是网络服务和网络应用的必然趋势。相较于传统的开发技术和模式，移动开发基本基于全新的网络技术，基于全新的网络平台，也要满足完全不同于电脑开发模式的用户需求和用户体验要求。总体而言，移动开发对技术性和用户需求的掌握提出了更高的要求。

2.1.6 虚拟现实：营造更加真实的网络交往互动

虚拟现实技术（VR）是指借助计算机及最新传感器技术创造的一种崭新的人机交互手段，通过创建一个虚拟的环境，让用户体会身临其境的真实感。虚拟现实技术充分调动了人的视觉、触觉甚至味觉、听觉，构建了更为完善的互动环境。目前，虚拟现实技术在会议、视频、游戏、动漫、直播等领域得到了非常广泛的应用。将虚拟现实技术引入网络思想政治教育平台，无疑将更有利于构筑真实、生动的思想政治教育场景，极大提升网络思想政治教育的效果。例如，将爱国主义教育基地以虚拟现实的方式呈现在网络思想政治教育平台中，用户就可以身临其境地进行浏览体验；将爱国主义影片以虚拟现实的方式呈现，能让用户感受到更真实、更直接的体验和冲击；通过虚拟现实的方式进行沟通和交流，用户直接面对的就不再是手机或者电脑，而是鲜活的个体。虚拟现实技术把网络思想政治教育平台对网络资源的使用推向一个新的高度。

虚拟现实技术能够让用户足不出户而知天下事，极大地增强了高校网络思想政治教育平台对用户的感官刺激，提高了可信度和接受度。虚拟现实技术可以带用户走进全国不同地区的各类高校，走进各种名胜古迹、教育基地，重温重大历史事件，能够让用户在更加直观的互动中，更快地融入网络思想政治教育平台。

2.1.7　人工智能：将人机互动提升到新的水平

人工智能是计算机学科的一个分支，是重点研究如何应用计算机的软硬件来模拟人类某些智能行为的基本理论、方法和技术。随着网络技术的广泛应用，人工智能研究发展迅速。连续战胜人类世界围棋冠军的阿尔法狗（Alpha-Go）就是典型的人工智能应用，还包括各大厂家都正在抓紧研究并已经进入道路测试阶段的无人驾驶汽车技术，以及目前各智能设备上都存在的微软小冰、小娜等。人工智能在教育方面，特别是在网络思想政治教育方面仍然具有巨大的发展空间。人工智能技术的充分应用能够为高校思想政治教育平台的发展提供巨大的推动力。高校网络思想政治教育平台和用户的互动过程，实质也是人工智能技术不断学习、发展、完善的过程。人工智能技术的应用，让网络思想政治教育的手段更加丰富和完善，资源和方法的搭配更加合理有效。

在网络时代，大学生更倾向在网络中寻找答案，而非向老师、朋友寻求帮助，人工智能显然更适合承担网络引路人的角色。人工智能在高校网络思想政治教育平台中，能够更好地起到"隐形导师"的作用。人工智能的引导，既有利于思想政治教育资源的整合，也有利于用户和思想政治教育资源之间的连接。

2.1.8　区块链：平台安全性和可靠性进一步提升

在互联网行业，区块链技术被视为一项颠覆性的技术。区块链是一种特殊的数据存储结构，它不需要集中的存储管理机构，而是在整个互联网中进行分布式的记录和存储。区块链的核心技术，包括分布式账本技术、非对称加密技术、智能合约技术。区块链最显著的特征就是去中心化、高可靠性和可追溯。区块链技术在高校网络思想政治教育平台中的应用，大致可以从以下三个方面去展望：

（1）提高网络思想政治教育的可信度。区块链技术可以低成本地实现对网络思想政治教育资源与应用的认证，进而加强其安全保障与可信赖程度，为网络思想政治教育提供良好的环境，避免出现鱼龙混杂、良莠不齐的情况。对网络思想教育资源以及应用的认证，从本质上为网络思想政治教育设立了一个准入的标准，规范了网络思想政治教育的开展，提高了其科学性。基于区块链技术，高校网络思想政治教育发展为信用程度较高的认证教育的前景非常广阔。用户通过网络参与思想政治教育的过程可以被记录，因为这种记录是不可篡改和伪造的，因此区块链技术可以进一步将用户的参与记录进行升级，成为用户参与网络思想政治教育的一种认证方式。由于网络思想政治教育的认证工作的成本较低，并且具有很高的可靠性，因此高校网络思想政治教育的发展在未来将会更多地朝认证方向发展。

（2）为网络思想政治教育交易打造相应的平台。区块链技术可以有效标识网络思想政治教育的资源和应用，既是一种甄别保护的手段，也是一种知识产权的保护措施。在高校网络思想政治教育平台中，每一种思想政治教育资源以及应用均可以实现针对性的识别以及全面的保护，提高网络思想政治教育资源在网络上进行交易的可能性；同时，对网络思想政治教育资源的保护和价值的认可，又将推动新的优秀的网络思想政治教育资源和应用的不断涌现。区块链技术的最基础的应用就是作为安全性极高的网络交易平台。

（3）加强对高校网络思想政治教育平台保护。区块链技术具有可追溯的特性，在高校网络思想政治教育平台的应用中，这更利于将用户的观点进化为知识，极大地丰富平台中的网络资源。平台中的所有资源具有可追溯性，既有利于梳理知识发展脉络，又能够很好地保护知识产权。特别地，基于可追溯性，技术人员能够及时排除高校网络思想政治教育平台中潜在的不正当内容和不正当用户，进一步加强对平台行为的监控，保护平台的正常运转，净化网络空间。

2.2　高校网络思想政治教育平台研究的应用基础

2.2.1　搜索引擎：占领网络交往的总入口

当前，搜索引擎已经成为网络的总入口，是互联网巨头的兵家必争之地。用户对网络搜索引擎的使用率超过了80%，如果将各种即时通信、网络新闻、网络购物、网络视频等应用的内置网络搜索也计算在内的话，网络搜索引擎基本占领了互联网的大小入口，实现了用户的全覆盖。

搜索引擎（Search Engine）在网络中专门为用户收集信息、处理信息，并将信息按一定的规则进行组织，最终向用户进行呈现。其基本的功能是：发现和搜集网络中的资源；对网络资源按照搜索引擎的方法进行整理（索引），以方便用户查询；接受用户的查询信息，并与搜索引擎的资源索引进行对照；将用户所需的资源进行展示。简而言之，搜索引擎为用户提供了简洁、高效、定制化的网络资源的获取模式。近年来，随着网络资源的日益丰富，用户对网络资源的需求愈发多样化，网络搜索引擎的作用越发重要，地位日益凸显。用户将搜索引擎视为网络的大门，互联网巨头将搜索引擎视为最重要的流量入口，商家将搜索引擎视为重要的客户来源。显而易见的是，如果搜索引擎能够和网络思想政治教育平台实现无缝连接，那么网络思想政治教育的发展空间将是巨大的。

搜索引擎为思想政治教育平台提供用户入口。网络发展的趋势，一方面强调技术性，即通过先进的技术提供越来越多的网络服务；另一方面强调易用性，即让越来越多的用户能够更加便利地享受网络服务。网络搜索引擎从过去单一的文字搜索，开始转向音乐、视频、图片等多媒体搜索，甚至拓展到了更加专业的商品搜索、服务搜索等领域，应用越来越广泛；网络搜索引擎从过去的原始资源呈现方式，开始转向通过对用户搜索习惯和网络资源的算法判断，智能化地为用户呈现差异化的搜索信息，努力让搜索结果越来越靠近用户真实需要的网络资源；网络搜索引擎从过去的单一入口，到现在的跨平台、跨系统、多入口，甚至在不同的浏览器、不同的网络应用中，最终都会指向同样的网络搜索引擎和一致的网络搜索结果。过去是网络应用中包含了网络搜索引擎，现在是网络搜索和网络应用相互融合、协同发展；网络搜索引擎从过去复杂化的网络搜索指令，开始转向通过语音、动作等简单的操作下达搜索指令，用户不用再去关注网络搜索操作本身，因为网络搜索引擎会通过更加智能化的方式去推测、猜测用户正在寻找的网络资源。网络思想政治教育平台不仅能够为网络搜索引擎提供丰富、权威的网络思想政治教育资源，而且可以通过网络搜索引擎和用户进行互动，利用好这一非常重要的用户入口，将用户的需求，巧妙地引入网络思想政治教育平台中。

搜索引擎进一步整合了网络思想政治教育平台资源。网络搜索引擎的重要功能之一，就是通过对网络资源的收集、整理，按照网络搜索引擎自身的技术标准，重新进行网络资源的索引，以实现对网络资源的快速访问。网络搜索引擎丰富了网络资源索取的方式，过去只能依靠文字命令进行操作，现在可以通过图片、声音、图像等新型的方式进行搜索，极大地增加了通过网络搜索引擎可访问的网络资源的数量。在资源整合的基础上，网络搜索引擎进一步整合了众多的网络服务和网络应用，让网络资源和网络信息可以在不同的网络服务与网络应用之间流动。以网络搜索引擎为纽带，不同的网络服务和网络应用整合在一起，网络信息更加有序而高效，不同应用之间不再各为自政。比如借助微信可以进行网络搜索，网络搜索的结果又可以马上传递到百度地图；通过百度地图的位置搜索，又能够马上跳转到团购应用。所有的网络应用又会主动内置网络搜索，重新和搜索引擎捆绑在一起。搜索引擎对网络资源和网络应用的有力整合，为网络思想政治教育平台提供了强大支撑。强调高校网络思想政治教育平台的系统性、整合性、平台性，就是要在全网范围内提供网络思想政治教育资源和应用的整合利用，最大限度地发挥平台功能。网络思想政治教育平台对网络资源的整合利用，既包括对网络思想政治教育资源的整合，也包括对非网络思想政治教育资源的整合，其就是要充分利用好网络搜索引擎的强大功能，整合利用好一切有用的网络资源，为网络思想政治教育平台提供强大的支撑；同时也要不断优化网络思想政治教育平台对网络资源的获取，让资源的访问更加快捷、有效。网络思想政治教育平台对网络应用的整合利用，主要是网络思想政治教育平台如何整合利用好众多的网络应用服务。充分利用网络搜索引擎以实现网络思想政治教育平台和众多网络应用的无缝连接，实现你中有我、我中有你，不仅有利于网络思想政治教育的开展，也是对网络思想政治教育平台的良好补充。例如，用户在网络思想政治教育平台中搜索一本图书，搜索引擎就可以直接跳转到对应的网络购物应用；而网络购物应用中的浏览和访问信息，又能够主动将用户推荐到对应的视频、音频应用中；最后，再重新回到网络思想政治教育平台，继续了解相关的信息和内容。这既是网络思想政治教育平台通过网络搜索引擎整合网络应用的范例，也是网络思想政治教育开展的一般过程。搜索引擎进一步整合了网络思想政治教育平台资源，极大地改变了网络思想政治教育平台的资源运用方式。

搜索引擎优化了网络思想政治教育平台的育人氛围。从过程来看，搜索引擎更好地优化了网络思想政治教育平台和用户的互动，突出了用户的主体地位。在用户的搜索过程中，用户始终处于一种主动地位，用户主动提出什么时候搜索、搜索什么、如何搜索。同时，用户对搜索结果拥有完全的自主选择权，用户可以任意地选择使用什么搜索结果、不使用什么搜索结果，以及如何使用搜索结果。用户在整个搜索过程中，完全体现了他的主动性和主体地位。而网络思想政治教育平台能通过调动全部的资源来满足用户的搜索需求。搜索引擎也更加符合当前网络思想政治教育碎片式、分布式、渗透式的教育特点。用户对搜索引擎的需求是持续性的，用户能在任何时间、地点和场合，通过任意的客户端、平台发起网络搜索的请求，并寻找所需的答案。搜索引擎根据用户的请求，将相关的网络资源整合呈现给用户。这些网络资源相互之间缺乏有效的关联性，呈现出碎片化的特点；同时，这些网络资源存在于不同的网络位置，以文字、图片、视频、音频等不同形式存在，分布于整个网络空间。然而，这些网络资源绝大部分和用户的需求都有很强的关联性，可以视为是搜索引擎对用户需求的集中回应。其可以理解为用户每一次的网络搜索请求，都是搜索引擎对用户需求的一次集中供给，也可以视为网络思想政治教育平台根据用户发起的请求，进行了一次系统性更强、内容关联度更高、教育针对性更突出的网络思想政治教育供给。虽然用户不会去选择特定的网络搜索结果，但是搜索引擎为网络思想政治教育平台提供了全方位的覆盖，不管用户最终选择哪一个搜索结果，实际都是网络思想政治教育对用户的一次有效的渗透。从搜索结果的可信度而言，网络搜索引擎理论上能够索引到全网的资源，能够更加真实、客观、全面地提供网络资源。网络搜索引擎的资源分布广泛，尤其绝大部分都是由普通用户创建和提供，让网络搜索引擎的真实性、可靠性更强，用户在网络搜索中更容易有共鸣感。实际上，如何为用户提供真实、可行的网络资源，如何引导用户获取、利用好网络资源，网络搜索引擎内部正在发生巨大的变化。但可以肯定的是，通过搜索引擎，网络思想政治教育平台首先要能够真实、客观、完整地为用户提供网络资源，同时，要通过对网络资源本身的整合、梳理和包装，逐步引导用户进入网络思想政治教育平台，以为其提供更多、更好的网络资源和服务。

更重要的是，将搜索引擎融入网络思想政治教育平台，对用户搜索习惯、搜索内容、搜索时段、网络终端等信息进行分析，将明显提升搜索引擎的技术水平，极大提升网络思想政治教育平台的智能化程度。

2.2.2　即时通信：用户网络交往的重要形式

即时通信（instant messaging，IM）为终端服务，人们可以通过网络实现快捷的沟通，可以快速地传递文档、材料并随时随地进行语音与视频通信。电话就是最常见、最典型的即时通信。1996 年，在 Windows 系统上出现的 ICQ 软件，是被广泛认可的首款即时通信软件。在中国，如果提到即时通信，基本就特指诞生于 1999 年的 QQ 软件、以及诞生于 2011 年的微信。

QQ、微信彻底改变了人们的沟通交流方式。首先是方便。不管是用手机、电脑，或者其他的智能终端，只要下载即时通信软件，就能够立即发起沟通；不管是在家里、在单位，还是在旅途中、在逛街，只要有网络信号，就可以立即开始交流。随着技术的发展和用户需求的不断提升，即时通信的功能也越来越丰富和强大，不仅可以发送图片、文字，还可以实时传送语音、视频、位置等信息，甚至提供了私密消息、阅后即焚等特别的功能。其次是匿名。从本质上讲，即时通信工具隐去了用户的所有个人信息，更加专注于沟通本身。对用户而言，无须顾虑自己的真实身份、家庭、职业、财富等信息。匿名的沟通特性，让每位用户都能够放下现实生活中的种种顾虑，更真实、自由地进行网络沟通。再次是体验。即时通信能够为用户带来很好的沟通体验，用户可以选择自己喜欢的时间、以自己喜欢的方式进行沟通；既可以一对一进行个别沟通，又可以一对多地进行群聊；还可以加入多对多的沟通中。但不管是何种形式的沟通，即时通信用户总是能够感受到自己作为主动沟通者的舒适感和成就感，用户可以主动发起、终止沟通，用户也可以选择何时以及如何回复其他用户的沟通。最后是广泛。借助网络的力量，即时通信极大地拓展了用户的"朋友圈"，在数量和质量上都远远超过了社会实际中的"朋友圈"。"朋友圈"的扩展，在带给用户更好沟通体验的同时，也在用户之间传递了更多、更丰富的网络信息，且用户更容易相信朋友圈中传递的网络信息。

值得关注的是，即时通信中更富于网络化的表达方式——从过去的网络语言、火星文到层出不穷的网络段子，以及现在正流行的表情文字。例如，表情文字极大地丰富了网络沟通的内涵，让更多只可意会不可言传的内容跃然纸上。第一，从沟通来说，人的表情、动作、情绪等，本身就是沟通内容的一部分。如果是面对面的沟通，即使是相同的语言，也会因为信息传递者的语气、态度、表情的不同而让接收者接收到完全不同甚至截然相反的内容。显然，即时通信中的语言和文字并不能传递出沟通者之间的态度、情绪等隐性的内容，但这些内容对理解沟通和信息至关重要。因此，表情文字应运而生，通过图片的形式，通过夸张化的各种表情包，更加强烈而直观地反映出沟通者想要表达的内容。第二，表情文字更加方便，内容也更加丰富。沟通者双方无须输入很长的文字，也无须发送很长的语音，只需要寻找一个合适的表情包，就能够准确地表达出自己的情绪。甚至，沟通者会故意只用表情文字来替代文字和语音，以形成"此时无声胜有声"的效果，让接收者慢慢去体会传递者此时的态度和情绪，以及表情包背后隐藏的意思。第三，表情文字能够营造更加轻松、愉快的沟通氛围；夸张、搞笑的表情文字，既能够很好地表达自己的态度，也是对严肃生活的一种宣泄。特别地，表情包可以很好地避免沟通中的尴尬，在沟通过程中出现矛盾时，一个及时的表情包可以很好地缓和气氛，让沟通重新回到轻松的氛围。同时，表情包如同社会日常沟通中的寒暄一样，能够很好地起到沟通中的过渡、承接的作用。第四，对于比较长时间的即时通信而言，表情文字可以减轻沟通的压力，让沟通双方不至于过度紧张，从而可以从容不迫地继续进行沟通。

和成熟的即时通信商业软件相比，网络思想政治教育平台不可能也无须进行重复的即时通信开发。在技术上，网络思想政治教育平台和即时通信软件要实现无缝连接、相互融合。网络思想政治教育平台要能够进行即时通信，并利用好即时通信软件的各项功能；在即时通信软件中，也要能够随时访问、使用网络思想政治教育平台的各种资源和应用。在思路上，要充分营造良好沟通氛围，善用网络中流行的沟通技巧和沟通方法，实现在网络思想政治教育平台中的充分、自由的沟通和互动。用户充分、自由的网络沟通和网络互动，是网络思想政治教育平台作用发挥的重要基础和前提。同时，高校网络思想政治教育平台提供的即时通信功能，更加符合大学生用户的身份特征，既增加更多的身份标识和符号，提供更多的元素和内容，又能够进一步排除异常用户和不健康信息的侵入，营造更为有效、清爽的网络互动环境。

2.2.3 社交网络：网络交往的进一步丰富

社交网络即社交网络服务，其来源为英文 SNS（Social Network Service）的翻译。社交网络服务的实质是人与人之间进行社会交往的网络化的平台，更进一步讲，就是以个人为中心的网络社区服务，用户可以在社区中进行信息的交流和共享。社交网络最早的雏形可以追溯到 BBS（电子公告牌系统），如最著名的水木清华 BBS、西祠胡同；然后演变为网络论坛，如天涯论坛、网易论坛等；接下来出现的朋友网、开心网、人人网等，代表了社交网络服务的巅峰水平，SNS 成了网络上最流行的服务；随着微博、微信、豆瓣、知乎等应用的流行，社交网络服务的领域和目标人群出现分化，比如知乎更加关注知识分享，豆瓣则以电影评论见长，微信有朋友圈，微博就是信息传播平台。传统的社交网络服务日渐式微，而新兴的社交网络服务方兴未艾。

社交网络服务的本质是网络交往。网络交往在表面上，呈现为用户的文章、图片、视频、音乐、活动等内容。在实质上，其是用户借助社交网络服务进行的人与人之间的精神交往，用户所有的资源都是由用户的精神所支配，表达出来的都是用户的情感和思想。因此，社交网络服务和即时通信服务、搜索引擎服务等对网络思想政治教育平台的借鉴意义是一致的，即用户网络交往越频繁，网络思想政治教育平台的作用发挥就越突出，思想政治教育的有效性和针对性就越强。社交网络服务，一是通过鼓励用户之间的网络交往，二是通过不断满足用户的网络交往新需求，增强社交网络服务平台的黏性，让网络交往通过社交网络服务平台进行呈现。

社交网络服务的新发展，为网络思想政治教育平台提供了新思路。技术的发展以及用户的成熟，促进社交网络服务的分层分类发展。用户的分层分类促进旧的社交网络服务的更新换代，进而诞生新的社交网络服务平台；同时，社交网络服务平台自身的发展和变革，在客观上也推动了用户的分层分类。社交网络服务平台朝着更加精细化的方向发展，虽然会导致社交网络服务平台的用户规模受到影响，但是因为更加趋同的用户习惯和喜好，反而会使用户对社交网络服务平台的忠诚度提升，用户的活跃度提高。用户在更加适合个人喜好的环境中，网络互动的数量和质量都会显著提升。对网络思想政治教育平台而言，其要善于对用户进行分类分层的教育和引导，投其所好，满足其个人性化的需求。有的用户喜欢音乐，就应该利用音乐的互动进行思想政治教育；有的用户喜欢视频，就可以采用电影欣赏、影视点评等方式进行思想政治教育；有的用户喜欢刨根问底，就可以采取议程设置的方式，引导用户自行寻找答案。总之，对用户的有效分类和甄别，更有助于网络思想政治教育平台的作用的发挥。

在社交网络服务平台中，用户群体的趋同心理是值得关注的。用户的趋同心理，可以理解为用户在群体中更容易表现出和群体中大部分用户保持一致的心理。通过用户细分，各社交网络服务平台中的用户兴趣爱好等更加趋于一致，通过长时间的网络交往，用户在相互影响之下逐渐形成了相对统一的观点、想法和行为，用户之间的分歧降到了最小，而用户也达成了共识。趋同效应也可能源于客观的环境。社交网络服务平台可能会存在一定数量与主流意见并不一致的用户，而这些用户在强大的主流意见压制之下，要么不再发出不同的声音，要么他们的声音被彻底掩盖。对网络思想政治教育平台而言，其需要的是基于服从真理的用户的一致性，而不是用户的盲从，更不是压制用户不同的声音。相反，其要更加善于鼓励、保护不一样的意见，并充满技巧地进行教育、引导和转化。

2.2.4 微媒体：网络交往的新形式新阶段

媒体是指传播信息的媒介。微媒体又称自媒体，一般指以个人为主体的媒体。微媒体的出现得益于互联网的发展。传统媒体如电视、报纸、广播、杂志等，进入门槛太高，个人只能处于被动接受的角色。互联网技术的发展，特别是随着微博、今日头条等微媒体平台的出现，用户只需注册账号，就可以向全世界发布消息。其中，微博主要基于社交属性，即关注者与被关注者的消息会被优先推送；今日头条更多地基于信息筛选判断，即通过用户的个人选择和浏览习惯，智能推送可能符合用户兴趣的消息。

微媒体的主要特点在于：第一，信息生产便捷。借助专业化的工具，用户可以迅速地发布几乎不受限制的信息。一方面，微媒体的信息的短小精干，完全符合当下人们快节奏的生活；另一方面，简短的内容和快捷的发布，极大调动了用户的信息发布热情。目前，用户可以在任何的联网设备上进行微媒体的浏览和发布。第二，信息的多样化。微媒体信息呈现出碎片化的趋势，通常是发布用户的所见、所思、所想、所感，非常符合当前人们对信息的需求特点。微媒体信息的形态，同样不局限于文字、图片，还包括了微视频、音频等，用户可以对任何已发布信息进行二次加工，进行评论、转发、点赞、反对。第三，信息传播高效。信息传播的高效，是微媒体广受用户青睐的重要因素。在信息传播过程中，每个用户的信息源将自身作为中心，信息的发布与传播可以为每一个人。粉丝和关注者越多，信息的传播效率就越高，特别是如果受到"大V"用户的关注、评论和转发，信息瞬间就可以传遍网络；同时，用户发布任何契合当下热点、新鲜事的新闻，往往都能够迅速引爆网络的热点。目前，甚至出现了专门从事网络炒作的用户和专门组织，即在短时间内将普通的网络消息迅速提升为网络关注的热点、焦点，从而吸引巨大的网络关注度和网络流量。第四，信息的个性化。个性化是微媒体重要的生存法则，千篇一律的媒体很快会被用户遗忘。用户选择自己喜欢的、感兴趣的信息发布者进行关注，也可以随时清理自己不喜欢的发布者。对发布者而言，只有更多地将个人的情感、思想融入发布信息中，打造不一样的信息和媒体，才能形成自己的独特优势，从成千上万的微媒体中脱颖而出。第五，微媒体的社会化。微媒体不仅是一个信息传播的媒介，也是信息发布者、信息接收者、微媒体平台三者进行网络交往的平台。通过相互的关注、评论、转发以及其他经常性的网络互动，信息发布者和信息接收者逐渐建立了联系，意见、观点、思考也逐渐趋于一致，从之前单纯的信息传播关系，演变成了相对密切的网络交往的关系。

微媒体的以上特性，为网络思想政治教育平台提供了很好的借鉴和参考。第一，鼓励用户积极通过微媒体参与互动。无论在技术上还是氛围上，网络思想教育平台都要鼓励用户通过微媒体多发声，积极参与发布、评论、转发，鼓励用户大胆表达自己的真实想法和感受。把用户的信息掌握得越丰富、与用户的互动越充分，网络思想政治教育的有效性和针对性就越强。特别是在一些社会热点事件、网络舆情事件中，要充分引导、积极支持用户参与其中，"真理越辩越明"，相信用户能够在微媒体中坚持正确的观点和立场。参与的用户越多，受教育的用户就越多，问题的解决反而越容易。第二，打造意见领袖，引领微媒体导向。成千上万的微媒体，按照其影响力的不同，也是分级分层的。特别在很多网络舆情热点中，都会出现一些微媒体意见领袖的身影。在任何的微媒体平台上，极少数的意见领袖拥有了巨大的粉丝量和关注度，在很大程度上影响着整个微媒体平台的舆论导向。网络思想政治教育平台要善于打造既积极向上，又满足用户需求的微媒体意见领袖，主动营造良好微媒体平台舆论氛围，主动引领微媒体平台舆论导向；特别是要善于向微媒体意见领袖注入有效资源，提升意见领袖的权威和说服力。第三，加强微媒体管理。微媒体的火爆，让极少数不法分子看到了可乘之机。特别是部分别有用心的假消息，在微媒体中肆意传播，有的甚至还得到了部分意见领袖推波助澜，进一步扩大了假消息的影响范围，给网络世界和社会生产生活带来了不小的影响。目前，在法律法规的管理层面，以及在技术监控的层面，对微媒体平台、微媒体信息发布者都还无法完全实现有效的监管。我们既要管住极少数的用户和消息，又不能打击广大用户使用微媒体的积极性，最终还是要回到依法治理的轨道。第四，抓好主流媒体建设。信息越是多样化，用户越容易感到信息疲劳；信息越是复杂，用户越需要了解真实。无论是基于国家的角度还是用户的角度，都需要真正负责任、有权威、真实可信的主流媒体。特别是在微媒体满天飞，"大V"在各媒体上"翻手为云覆手为雨"的情况下，用户越来越多地感受到的不是微媒体之利，而是微媒体之害。建好主流媒体，传递国家、人民喜欢的声音，是全网的共识。

2.2.5 易班：高校网络思想政治教育平台新实践

当下，在高校网络思想政治教育平台中，易班是最重要的研究案例和样本。易班在高校网络思想政治教育平台研究和实践中有着不可替代的作用。

第一，易班是目前全国规模最大、技术最先进、用户数量最多的高校网络思想政治教育平台，经过多年的发展，易班依然保持着良好的运行势头。过去的高校网络思想政治教育平台普遍存在重研究轻实践的情况，研究成果比较丰富，而实践应用则鲜有成功的案例。在网络应用方面，从理论到实践是非常大的跨越，先进的理论并不必然带来成功的高校网络思想政治教育平台的建设和运营。因此易班的成功，必然为高校网络思想政治教育平台提供鲜活而且具有强大说服力的研究样本。

第二，易班是由国家推动的、独立自主的高校网络思想政治教育平台。国家推动，是易班最重要的成功因素。从网络产品的角度看，易班的建设发展，需要大量的人力、财力、物力的投入，需要庞大的用户群体的支持，需要海量的教育资源的汇聚。这样的投入，对任何一个地区、任何一所高校来说，都是难以支撑的。当易班进入全国推广阶段以后，易班的建设推广主体就从上海转移到了教育部。有国家的推动，全国的高校就无须再进行重复的建设投入，只需要因地制宜地做好易班的校本化建设推广工作。技术资源、教育资源，都是易班的核心竞争力。唯有国家战略的推动，才能实现易班对全网资源的有效控制和调配。

第三，易班实现了真正的高校网络思想政治教育平台。高校网络思想政治教育平台始终是以育人为根本导向，易班将网络思想政治教育平台的育人功能巧妙地融合在了易班的教育教学、管理服务、后勤保障、文化娱乐等功能之中，既实现了思想政治教育的目标，又实现了对高校教育的有力推动。易班是教育的易班，也是服务的易班，娱乐的易班。易班的应用场景，体现在校园学习生活的方方面面；易班的强大功能，体现在用户各种各样的实际需求中。易班的平台化策略，真正让用户能够在易班中最大限度地各取所需。

本书还将以专门章节对易班进行全面介绍和分析。

2.2.6 其他应用：对网络交往的丰富和完善

在整个互联网生态中，马太效应十分明显，强者恒强，弱者恒弱。网络应用争夺的焦点是用户，拥有用户就拥有流量。整个互联网的用户数量是有限的，用户流量也是有限的，因此，谁能掌握最多的用户，谁就能拥有最多的流量；相应地，处于竞争关系的其他网络应用的用户就会相对减少，能够获取的流量也就非常有限。因此，以特色功能为基础打造封闭的应用平台生态，是网络应用常见的做法。

以目前在新闻类网络应用中非常火爆的今日头条为例，今日头条的核心竞争力就是以算法为基础，以用户喜好为目标的信息推荐机制。今日头条可以根据个人用户对应用的使用情况、对新闻的浏览情况，对栏目的访问情况，甚至单个新闻的阅读时间等数据，自动优化对用户的信息推荐，把可能最符合用户喜好的信息直接推送给用户，并自动取消那些用户可能不太感兴趣的信息。以网络算法为基础，今日头条迅速拥有了大量的用户。基于对大量用户的掌握，以及对大量用户的喜好的掌握，今日头条对标微博，推出了微头条；对标知乎，推出了悟空问答；对标快手，推出了火山小视频，并很快又推出了抖音。从今日头条的产品特征来看，今日头条直接对标了新闻类产品以及网络搜索引擎类产品。目前，今日头条已经开始尝试推出独立的广告类产品和购物类产品，将会对百度、淘宝、京东等产生新的冲击。显然，今日头条依然在延续过去淘宝、微信的发展模式，通过产品的不断更新，迅速构建出相对完整、系统的网络平台，以提供网络信息为原点、信息的提供方式，丰富信息的种类和内容，力争将用户控制在自己的平台方案中。

对用户和数据的渴求，决定了网络应用都必须以打造封闭的应用平台生态为目标，其必须拥有足够数量和质量的用户与数据，相关的算法和数据处理才有意义。而当这些网络应用拥有了足够的用户时，其将继续延伸平台的宽度和广度，在满足用户需求的基础上激发用户新的需求，并予以满足，这也成为网络应用生存与发展的必然选择。当拥有了用户和数据，一切都是可能的。如果不是今日头条进入短视频的领域，就很可能是短视频的其他应用进入了今日头条的领域。

高校网络思想政治教育平台要生存与发展必须对平台构建有高度的重视和积极的危机意识。高校网络思想政治教育平台归根到底是一款网络产品，必然会对其他的网络应用造成冲击和影响。高校网络思想政治教育平台首先要明确定位，找准市场切入点和核心目标用户，形成自身的产品优势和核心竞争力；其次要遵循平台战略的原则，以核心资源和核心功能为基础，不断将相关的内容和服务纳入自身的平台范围中，形成互补优势，也避免在产品竞争中一触即溃；最后，要主动地互联互通。网络思想政治教育平台本质上是一款教育产品，甚至可以定位为公益性的、非营利的网络产品，并不直接和其他商业产品形成"水火不相容"的竞争态势。高校网络思想政治教育平台完全有可能、也应该和其他商业产品形成良性的合作关系，相互协助、合作共赢。

2.3 高校网络思想政治教育平台研究的直接理论基础

2.3.1 科学技术：高校网络思想政治教育平台研究的切入点

马克思主义基本原理精辟地概括了生产力与生产关系的辩证统一关系，即生产力决定生产关系，生产关系反作用于生产力。生产力的发展和人类社会的发展，是辩证统一的关系。生产力的三要素是：劳动者、劳动资料和劳动对象。马克思认为，科学也是生产力的组成部分。因为科学同时和生产力的三个要素都发生关系，科学提升了劳动者的素质，改进了劳动资料，开发了新的劳动对象，进而提升了生产力。马克思认为，社会劳动力的水平，将随着科学技术的进步而不断提升。马克思指出，社会的生产力取决于科学技术的进步，取决于科学技术在生产中的应用程度。

1988年，邓小平同志提出了"科学技术是第一生产力"的重要论断。人类历史上每一次科学技术的重大突破，都会带来人类社会的深刻变革。以蒸汽机的改良为标志的第一次工业革命，把人类带入了蒸汽时代，真正意义上的工业开始出现；以电力的广泛应用为标志的第二次工业革命，把人类带入了电气时代，社会生产力空前发展，人类社会深刻变化；以计算机的发明和使用为标志的第三次工业革命，将人类带入了信息化时代，特别是网络的飞速发展，不仅带来了人类历史上生产力水平的又一次飞跃，也对整个人类社会和全球政治、经济、文化、生态等方面产生了深刻影响。

习近平同志多次强调以互联网为代表的信息技术对生产力发展的巨大推动作用，和对国家、社会方方面面的巨大影响。互联网已经完全融入国家和社会的各个领域，正在深刻改变着人们的生产和生活方式。当前，世界各国都正迎来信息化革命。信息技术推动了全球的信息流动与共享，极大地提高了劳动者的素质，创新更加高效的劳动工具，劳动对象更加丰富而广泛，劳动效率进一步提高。信息技术在推动社会生产力极大发展的同时，也必然带来生产关系的变化。国与国之间的距离、人与人之间的距离迅速缩小，世界变成了地球村。国家之间的互动和交流空前频繁，相互影响也越来越明显。人们的生产生活完全网络化，网络购物、网络娱乐、网络学习、网络情感交流等已经成为人们的日常生活方式，人们的衣、食、住、行完全融入网络中。移动互联网的普及使得人和网络一刻都无法分开，网络即社会，社会即网络。

高校网络思想政治教育平台的构建基础是网络技术的充分应用，其自身的发展代表了当前先进的网络技术。高校网络思想政治教育平台既是网络社会化的有机组成部分，同时也是网络社会化的重要内容之一。网络思想政治教育的提出、思想政治教育的现代化，也得益于社会生产力的提高和先进网络技术的应用。基于生产力视角，高校网络思想政治教育使广大网络思想政治教育工作者的素质水平得到了极大的提升，网络思想政治教育工作者的角色定位更加明确，同时也极大地改进了劳动资料，为以网络为载体的思想政治教育提供了具有时代气息、拥有较强针对性、鲜明创新性的劳动工具，网络思想政治教育开展的效率以及效果得到了巨大的提升，并对劳动对象的进一步扩大产生了积极作用。任何人或者事物，如果与高校思想政治教育有一定的关联，都可能成为高校网络思想政治教育平台的作用对象，不仅起到了立德树人的效果，也在净化网络空间、构建思想政治教育良性体制等方面发挥积极作用。

在生产力的视角下，高校网络思想政治教育平台既代表了先进的生产力，即更加有效的思想政治教育，也代表了更加丰富的生产关系，一切的人和物都有可能纳入平台，而平台中的一切人和物，都可以成为思想政治教育的积极因素。相关研究要更加重视生产力的因素，重视科学技术的因素，重视网络技术以及网络技术的具体应用所带来的革新性的变化。

2.3.2 网络交往：高校网络思想政治教育平台研究的基本内核

马克思主义认为，现实中人的本质是一切社会关系的总和。人的本质体现在不断的交往中，交往也是人类社会存在的基本方式。对人的本质的揭示，既是马克思主义哲学和旧哲学的根本区别，也从哲学层面界定了交往的本质。人创造环境，同样环境也创造人。人的交往，将人连接成为一定的交往关系并形成一定的社会关系。而社会关系的发展，又会对人的交往形成反作用。社会关系和社会交往具有高度的同一性。因此，社会关系实际上决定着一个人能够发展到什么程度。

交往和生产是辩证统一的关系。一方面，生产是交往的前提。人的需求是生产的根本动力，因此人生产的过程也就是人交往的过程。恩格斯将人的交往归纳为：两性交往、物质交往、精神交往，实际上就分别对应了人自身的生产、人的物质生产和人的精神生产三个方面。另一方面，生产又决定着人的交往。生产力和生产关系的变化，必然会导致人的交往的变化。农业社会中，生产力低下，生产关系简单，人的交往频率和交往范围都极其狭隘，还主要停留在人与自然交往的阶段。在工业社会中，生产力的大发展带来了生产关系的剧烈调整，人与人之间的交往密切而频繁。人与人之间、家庭与家庭之间、国家与国家之间的交往相较过去有了极大的发展。进入网络社会后，互联网进一步推动了生产力的大发展，并推动了生产关系的又一次深刻调整。在网络社会中，人的交往不再受到时间、空间、地域的限制，人的交往的频率和交往的形式空前活跃起来。

在网络社会中，网络和社会已经完全融为一体，整个社会的生产生活已经完全网络化。人的交往在很大程度上就等同于网络交往。在网络社会条件下，或者在高校网络思想政治教育平台中，网络交往至少包含三方面的交往内容：人与物的交往、人与人的交往、人的自我交往。

人与物的交往，是网络交往的基础即第一个层次，也是网络交往的开端。在网络条件下，人必须借助一定的网络物质基础，才能产生网络交往；必须借助相应的网络设备，才能够连接网络；必须应用相应的网络应用，才能使用网络。人与物的交往形式表现在高校网络思想政治教育平台中就是用户与网络平台的交往。在这种形式的交往中，高校网络思想政治教育平台可通过用户获取反馈信息，表现为用户对其开发、建设、运营、管理的全过程产生的多种影响；高校网络思想政治教育平台也对用户进行反馈，平台中的网络资源和应用直接对用户产生影响。在先进网络技术的作用下，人与物的互动绝不是简单、机械的互动，通过大数据技术、人工智能技术的部署与应用，人与物的互动在网络互动中的地位和作用越来越重要。人与物的互动，是对现实社会中互动的拓展，使人的互动的深度和广度大为拓展。在网络中，海量的网络资源让互动的内容更加丰富，种类繁多的网络应用让互动的渠道更广、效果更好。

人与人的交往，是网络交往的第二个层次。人与人的交往，是网络交往中最重要的环节，处于网络交往的中心和核心位置。网络由人创造，由人更新和维护，网络中有形形色色的用户。功能强大的应用，或者先进的网络技术，终究还是被人所创造，为人服务。网络资源或者网络设备是人的工具和延伸，但起根本性作用的还是网络中的人。网络把人与人的交往提升到过去从未有过的层次，网络交往彻底打破了国家、文化、身份等的界限，每个人在网络中都可以得到足够的、充分的互动资源和条件。网络互动也不再仅限于传统的人际互动模式，网络中所有的网络行为和网络资源，都成为人与人网络互动的渠道和载体。网络互动又会激发对互联网新的需求，创造出新的互联网技术和应用，产生新的网络互动模式。人与人的网络交往和现实交往是紧密联系的。因此，不仅在网络中，而且在现实社会中，网络交往都对交往中的个人发挥着积极的作用。在高校网络思想政治教育平台中，广义的用户包括了高校师生、校友和学生家长、政府和相关教育部门以及关注高校和教育的单位和个人。用户之间的网络交往，已经远远超越了教育的范畴，使得不同行业、不同职业、不同领域的用户，在高校网络思想政治教育平台中均可以进行充分、自由的互动和交流。

人的自我交往，是网络交往的第三个层次。教育的最高阶段，是人的自我教育。人的自我交往，就是思想政治教育从"外化"到"内化"的阶段。人们通过充分的网络交往，形成自己的独立、自主的意识和品格。高校网络思想政治教育平台为用户自我交往提供了空间和平台，同时，也进一步巩固和发展了用户的自我交往。在移动互联网的条件下，用户不仅能够获取需要的网络资源和信息，在网络资源与相关信息的传播上也更加便捷。用户通过高校网络思想政治教育平台在实现便捷的自我交往的同时，也将和高校网络思想政治教育平台、网络中的其他用户，继续着人与物、人与人之间的交往，体现出网络交往的个人价值最大化效果。因此，人的自我交往，既是网络交往的一个结点，又是新的网络交往的开始。网络条件下人的自我教育得到进一步的发展和完善，高校网络思想政治教育平台将在人的自我教育、自我完善过程中，发挥更加重要的作用。

2.3.3 人的发展：高校网络思想政治教育平台研究的目标指向

网络交往可以加速和发展人的社会化，使人的社会化的过程更加完善，使社会化的环节和内容更加完备，使人的社会化的过程更加充分，或者可以理解为通过网络交往，个人能够更加适应社会的发展和需求，从而更好地实现个人的成长与发展。网络交往的最终的目标是人的发展。在传统条件下，人的发展受到各种各样的时空条件限制。随着以网络技术推动的生产力的极大发展，当下人的发展拥有了无穷的潜力和空间。网络不仅打破了时空局限，为人的发展提供一切积极的、有益的资源和内容，也能够利用丰富而充分的网络互动，提供全方位、系统化的发展渠道和手段，在物质和精神层面，在软件和硬件层面，为人的发展提供充足、充分的保障。先进的网络技术也能够为独立的个体提供针对性的、定制化的交往服务，很好地满足人的个性化发展需求。

教育的目标是人的全面而自由的发展。只有在生产力极度发展的前提下，人的全面而自由的发展才能够成为可能；网络技术发展是当前生产力发展最重要、最直接的推动力。因此高校网络思想政治教育平台不仅要从教育的角度关注用户的需求和发展，还要全方位、多渠道地对用户的需求和发展予以满足。以人的发展，推动高校网络思想政治教育平台的优化和升级；以高校网络思想政治教育平台的优化和升级，进一步推动人的全面发展。

2.3.4　思想政治教育生态论和合力论的观点

思想政治教育生态论，或称为思想政治教育的生态思维，是指借用生态学的原则、原理、方法来思考、认识和解决问题的思维方式，主要包含了系统的整体性思维、开放的多样性思维和动态平衡的和谐性思维三个方面。系统的整体性思维，指在思想政治教育中，既要把握思想政治教育各具体局部的性质、特征，也要把握思想政治教育整体；要以全面的、系统的、联系的观点去把握思想政治教育各局部之间的关系，把握思想政治教育整体之下的系统与系统之间的关系；使局部系统与整体系统、微观层面与宏观层面有机结合，对思想政治教育的整体轮廓与突出特征进行深层次的掌握。思想政治教育的覆盖范围大，涉及领域多，与各方面事物均普遍存在着联系，这是其开放的多样性思维的重要体现。基于这一特点，网络思想政治教育的教育内容、教育方法形态万千，彼此存在很大的差异性。思想政治教育还具有多样性的特点，尤其是其存在环境的多样性，这充分说明了思想政治教育存在形式的多样性，其绝非孤立的个体。思想政治教育和周围环境存在密切的联系。动态平衡的和谐性，指思想政治教育始终存在着矛盾，思想政治教育自身始终处于发展变化中。只有通过不断的矛盾运动，打破旧的平衡，达到新的平衡，事物才能不断向前发展；同时，新的平衡很快又会孕育出新的矛盾，周而复始，推动思想政治教育在这样的矛盾运动中不断前进、不断发展。思想政治教育生态论就是把思想政治教育放置在以社会为背景的完整育人生态系统中，把人的存在和人的发展结合起来，系统地、整体地、动态地、多元地对思想政治教育中的相关问题进行研究。

互联网行业同样存在着"互联网生态"的主流观点。互联网生态，就是依托先进的网络技术，以实现用户价值为根本目标，对行业和产业链进行颠覆与重构，构建基于互联网的生态链、生态圈，形成环环相扣、互为依托、合作共赢的新商业模式。例如，淘宝网的商业生态，淘宝的生态链上分布了淘宝、天猫、支付宝、菜鸟网络、阿里巴巴等众多企业，从 B2B、B2C、C2C，到网络支付、快递物流，共同构成了完整的网络购物生态链条；淘宝网的生态圈则分布了盒马鲜生、高德地图、哈啰单车等一系列的商业应用，既丰富完善了淘宝的商业生态系统，又进一步支撑和巩固了淘宝商业生态的独占性。互联网生态在为用户提供更加优质的解决方案的同时，也增强了相关企业、产品的竞争力和吸引力。企业之间相互依存，产品之间相互依存，用户和企业、产品之间的黏性也不断增强，即用户不仅对该生态产生了适应和依赖，也很难再找到更合适、更优秀的替代方案。

从生态论的观点出发，高校网络思想政治教育可以依托的资源还远远不够，不仅平台内部的资源无法形成相互支持、相互协作、共同发展的良性互动，平台和平台之外的资源，也很难形成有效互动。高校网络思想政治教育平台依然是"孤立无援"，内、外部资源都很难得到有力协同。高校网络思想政治教育平台建设发展，依然要形成梯队，打造生态和产业链条，把思想政治教育的方方面面，网上网下的各种需求，细分为环环相扣的链条，吸引越来越多的资源进入高校网络思想政治教育中，形成相互支持、荣辱与共的协作局面。

与生态论相似，有学者在思想政治教育的研究层面提出了合力论，"思想政治教育系统同时受到多个力的作用，它们对思想政治教育系统的运动产生的效果相当于一个单独作用的力，那么这个力就是诸作用力的合力。所谓'合'就是思想政治教育资源的聚合，所谓'力'，就是该思想政治教育活动的实际影响，而思想政治教育合力就是思想政治教育系统本身发展所行进的目标，也是思想政治教育系统的整体效应，它由思想政治教育活动的大小、方向和作用点三个要素所构成"。合力论对思想政治教育的存在环境进行了重点的强调，指出其处于整个社会大系统，和方方面面都有着千丝万缕的联系，必须要整合资源、形成合力，同心同向，共同推动思想政治教育的发展。

高校网络思想政治教育平台一是要对平台合力的问题加以解决，二是要对高校网络思想政治教育的合力加以重视。高校网络思想政治教育平台并不是新概念，但在过去的研究和实践中，一方面对平台中网络思想政治教育的内容关注较多，对其他服务、娱乐、管理等方面的内容关注较少；另一方面，对单一资源和网络应用的关注较多，对系统的、整体的发挥平台合力作用的重视程度较低。高校网络思想政治教育平台瞄准的是多渠道、全方位、多层级的育人，平台中所有的网络资源和网络应用，都在从不同的角度发挥着育人的作用。同时，网络对人的影响也一定是全方位、多层次的，针对不同用户的不同个性特征和兴趣爱好，平台中的网络资源和网络应用都在发挥着各自不同的作用，并不存在某一种或者几种网络资源或者应用，能够相对独立、完整地完成整个的网络思想政治教育。高校整体的网络思想政治教育体制和机制要充分发挥作用，离不开网络思想政治教育平台的配合，从而形成更强大的育人合力。高校网络思想政治教育平台的有效运营同样需要高校整体思想政治教育体系和运作机制的支撑。高校网络思想政治教育平台和高校思想政治教育工作融合度越高，高校网络思想政治教育平台和高校实际工作融合度越高，则越能够形成高校网络思想政治教育平台建设的合力，越能够形成高校网络思想政治教育的合力；反之，则会造成高校网络思想政治教育平台建设和高校思想政治教育工作相背离，高校思想政治教育工作和高校其他的具体工作相背离的局面。

2.3.5 思想政治教育系统论的观点

系统是指相互既区别又联系的部分结合起来能够达到目的的、相对独立的有机整体。思想政治教育系统论，就是将思想政治教育作为一个完整的系统整体进行研究。基于系统论视角，思想政治教育系统是由若干子系统构成的整体，这些子系统既相互联系又相互制约。每个子系统又都由各若干要素构成，每个子系统中的要素依然是相互影响、相互作用、有机结合、和谐有序。高校网络思想政治教育系统，同时又是整个社会育人系统中的子系统部分，高校网络思想政治教育和其他育人子系统之间，相互影响、相互作用、互为依托、互为补充。网络思想政治教育从系统论的观点出发，就是要加强对其动态性与先进性的关注，强化思想政治教育的全局观，以更加创新、开放的理念来审视网络思想政治教育系统。系统论同时关注到了思想政治教育系统构成、系统优化等问题。

系统论受到了学界的广泛关注。有学者提出，应以系统思维全面考察思想政治教育系统；要宏观、全面、整体性地把握思想政治教育系统，对系统性的内涵进行更深层次的掌握；更加深入地考察思想政治教育系统的各局部和各要素，认真地考察其作用和功能；从人类社会各子系统的角度对思想政治教育进行深入的观察与研究，对其与社会系统中其他系统的联系达到透彻的了解与认知，了解思想政治教育系统在整个社会系统中的地位、作用；更加创新性地研究思想政治教育的系统管理、系统优化等问题，推动思想政治教育的发展。也有学者提出，系统论虽然并不是思想政治教育中的新内容，但系统论的基本原理和方法，依然是当前思想政治教育中必须加以重视和研究的内容。特别是要认真梳理思想政治教育系统的内涵，牢固树立思想政治教育的系统思维，深入开展思想政治教育系统研究，思想政治教育系统和其他社会系统关系的研究。

高校网络思想政治教育平台对系统论的借鉴，和生态论、合力论有相同之处。因为商业领域网络的发展和应用远远超过了网络思想政治教育领域，因此过去的研究主要立足于对实践的追踪、对先进的网络技术、对流行的网络应用的关注。对高校网络思想政治教育平台可以借鉴的若干要素，研究人员要想办法实现有机整合，达到整体之和大于部分之和的效果，而不是简单地什么好就研究什么、什么有用就应用什么。高校网络思想政治教育平台是一个庞大而复杂的系统，在系统设计、系统构建、系统优化、系统运行等方面，都需要大量的投入。

2.3.6 网络空间命运共同体的观点

在第二届世界互联网大会上，习近平同志提出了"网络空间命运共同体"的概念。网络空间命运共同体是以互联网为纽带而产生的，其根本出发点和落脚点，就是"互联互通、共享共治"。在思想政治教育领域，也有学者提出了类似的观点。

有学者提出大学生网络共同体的概念，指向的是兴趣爱好、理想信念趋同的大学生网络社区。在一定程度上，大学生网络共同体和现实中的学生组织、学生社团有很强的相似度。也有学者提出思想政治教育共同体的概念，指向思想政治教育者的有机共同体。有学者在高校范围内，探讨高校网络空间命运共同体的必要性、条件和可能性的问题。还有学者提出，应该构建社会性的思想政治教育共同体。

在高校网络思想政治教育平台的视域内讨论网络空间命运共同体，其宗旨和核心依然是"互联互通、共享共治"。第一是作为教育者和受教育者的网络空间命运共同体。从本质上讲，作为教育者的高校教师和作为受教育者的大学生，其根本诉求是一致的。教育者以受教育者的成长和发展为根本目标，同时也反作用于教育者的成长和发展；受教育者同样以个人的成长和发展为根本诉求和目标，在客观上也推动了教育者的成长和发展。在高校网络思想政治教育平台中，教育者和受教育者结合为牢固的网络空间命运共同体是完全可行的。第二是作为政府和高校的网络空间命运共同体。高校网络思想政治教育平台的建设离不开政府的大力支持，政府通过采取一系列有力的举措为其发展提供推动力，政府在平台的建设中起着主导性作用，保证了高校建设网络思想政治教育平台的过程严格符合国家导向的要求。高校是参与使用网络思想政治教育平台主要群体，高校在网络思想政治教育中的平台应用必须全面坚持、贯彻和落实党和政府的教育方针和教育政策，保证政府和高校在网络思想政治教育中"同向同行"。高校的网络思想政治教育平台需要在其中充分贯彻和落实国家的意志，高校在其中扮演国家意志的坚定贯彻者和维护者角色。第三是构建网络资源和网络应用的命运共同体。各种网络资源和网络应用，在高校网络思想政治教育平台中是相互作用、协同运作的关系。平台中的各种资源、应用不仅相互影响，而且还同时对高校网络思想政治教育平台产生巨大的影响。网络思想政治教育中凡是积极乐观并为人们的思想带去有利影响的部分，就会得到巩固和加强；凡是对网络思想政治教育可能产生消极影响的部分，就会被抛弃和净化。高校网络思想政治教育平台中的网络资源的储存量十分巨大，这些资源与众多的网络应用使命相同、价值相同、作用相同，共同构成了高校网络思想政治教育的命运共同体。

在更大的范围内，高校网络思想政治教育平台和整个网络社会系统共同构成了新型的网络空间命运共同体。高校网络思想政治教育平台对整个网络社会系统起着积极的优化、净化的作用，同时高校网络思想政治教育平台也可以从网络社会系统中得到良好的反馈。显然，高校网络思想政治教育平台的效果和作用发挥，将在很大程度上影响整个网络社会的网络风气和网络舆论导向；而网络社会的进步和发展，又对高校网络思想政治教育平台进入新的发展阶段提供了巨大的推动力。命运共同体的概念，实质上就体现在若干相关的有机体以"互联互通、共享共治"的模式，推动共同目标的实现和达成。这也顺应我国加强网络空间治理、建设网络强国的目标和路径。

2.3.7 思想政治教育场域论的观点

按照布迪厄的观点，场域可以被定义为在各种位置之间存在的一个客观关系的网络，或者称为构型。场域并不是简单的环境、空间的概念，而是充满了各种力量和关系的领域，比如文化场域、教育场域、宗教场域。因此，大学生思想政治教育场域，可以理解为大学生思想政治教育的社会文化再生产的空间。大学生思想政治教育场域，实质上就是大学生思想政治教育相关主体所处的客观关系网络。在网络条件下，思想政治教育的场域实际上就是社会化、网络化的大场域。社会场域有教育场域、文化场域、经济场域、政治场域等各种亚场域。各亚场域之间，既相互区别又相互联系。在高校环境中，起主要作用的是教育场域，但并不能完全隔断教育场域和其他场域之间的关系和作用。场域中存在着行动者、位置、资本、时间、规则、信念等构成因素，但场域的核心概念依然是关系。一是指场域中构成网络的客观关系；二是指场域中各要素之间的互动关系。

从思想政治教育场域论的观点出发，对高校网络思想政治教育平台至少有三点启示：第一，高校网络思想政治教育平台必须是宏观的大平台。过去传统意义上那种各高校自行开发建设、各自为政的网络思想政治教育网站，显然不符合高校网络思想政治教育平台的定义。高校网络思想政治教育平台必须拥有足够大的场域，才可能容纳下足够丰富的"关系"。第二，对高校网络思想政治教育平台的理解，首先要回归到对实际的人的理解。实际的人的需求和关系，都是丰富而复杂的，而过去的认知往往更重视精神的、教育的一个方面。只有当场域中的关系丰富起来，场域的作用发挥才能够更加充分。第三，高校思想政治教育的影响也是多元的。对高校思想政治教育产生影响的不仅仅是教育场域，更包括政治场域、经济场域、文化场域、娱乐场域等。因此，教育者应当把高校网络思想政治教育平台安放在社会大场域中进行考察，全方位地探寻高校网络思想政治教育平台相关的关系与互动，以及其在场域中的客观关系。

2.4　高校网络思想政治教育平台研究的相关学科理论借鉴

2.4.1　教育学：高校网络思想政治教育平台体现教育的本质

教育在本质上是一种培养人的社会活动，促进个人的社会化是教育本质的重要方面。马克思认为："人的本质不是单个人所固有的抽象物，在其现实性上，它是一切社会关系的总和"。人实现社会化的重要手段就是思想政治教育。思想政治教育使人实现社会化，其本质是对人的重塑、改造、影响以及使人占有人的过程。

党的十九大报告提出，"全面贯彻党的教育方针，落实立德树人根本任务，发展素质教育，推进教育公平，培养德智体美全面发展的社会主义建设者和接班人"。思想政治教育就是要"不断提高学生思想水平、政治觉悟、道德品质、文化素养，让学生成为德才兼备、全面发展的人才"。这是思想政治教育对受教育者的总体要求，是教育者采取有效的教学方式有组织、有计划地对受教育者产生潜移默化的影响以达到自身预期的教育效果。教育目的是培养人才的总的规定和要求。教育是一种能够使人不断发展的一种方式，教育目的就是实现个体的发展。教育如果离开了人的发展将无法体现其对社会的发展效力，同时教育的存在也无法得到反映。人的生存与发展离不开社会这个整体，人只有参与社会活动，成为社会的一分子，才能得到良好的发展。人如果脱离了社会的发展、历史的发展，那么其自身的发展将无从谈起。根据教育学的观点，教育是一种有目的、有组织、有计划的系统活动，教育的主体是教师，教师在其中起着领导的作用，是实践活动的主体，学生则是以客体的身份参与教育实践活动。

教育学是思想政治教育的重要基础和源头，网络思想政治教育平台研究可以从教育学中借鉴诸多有价值的思想与理论。教育的本质决定了网络思想政治教育平台的系统构架。人的社会化，是通过各种各样的社会交往实现的。高校网络思想政治教育平台，一是扩展了人的社会交往的广度，二是扩展了人的交往的深度，三是加速了人的社会化的进程。网络思想政治教育平台不能只局限于与教育相关或者与思想政治教育相关的内容，把网络思想政治教育平台变成网上的思想政治教育课堂。从扩展交往广度的角度来看，网络思想政治教育平台就是要把学习、生活、娱乐、工作等各种网络应用都纳入平台中，构建全方位、无死角的网络思想政治教育平台，增强网络思想政治教育平台对用户的吸引力；从扩展交往深度的角度来看，网络思想政治教育平台就是要在用户的众多需求中，把用户最迫切、最重要、最渴望的需求挖掘出来，从而建立起持续的、稳定的、深入的交往联系；从加速人的社会化进程来看，网络本身就汇集了海量的资源，人们通过网络进行交往互动的广度、深度和频度，显然远远强于日常实际生活中的交往，因此人的社会化的进程显然也就大大提速。网络思想政治教育平台同样要能够提供多种多样的交往空间，也要加强对网络资源的管控，防止用户受到负面交往的影响。

高校网络思想政治教育平台是进行网络思想政治教育，促进人们的网络互动，促进人的社会化的庞大系统。高校网络思想政治教育平台上的内容也不仅仅与网络思想政治教育有关，而是和人的社会化有关的一切互动。首先，网络思想政治教育，或者说建设和发展高校网络思想政治教育平台的目的鲜明而具体，就是实现思想政治教育的育人目标，不能因为所谓的"平等、民主、自由"的互联网精神而削弱，乃至忽视这一根本目的。高校网络思想政治教育平台上平等、自由的网络互动，应该是加强了网络思想政治教育的有效性和针对性，而不是放弃了网络思想政治教育的主导权，模糊了网络思想政治教育的目标。其次，高校网络思想政治教育平台的内容和形式要更加丰富，技术要更加先进。一部极富感染力的电影比一次枯燥的课堂教学对学生更有教育意义。网络思想政治教育平台要依靠其多渠道、全方位、全覆盖的优势，将碎片化的影响和集中式的灌输相结合，使教育主体与教育客体的联系更加紧密，将主动教育与自我教育相结合，将思想政治教育的主渠道互动和非思想政治教育的其他渠道体验相结合，将高校网络思想政治教育平台线上互动和线下互动相结合，最大限度地发挥出高校网络思想政治教育平台的内容优势、平台优势和技术优势。最后，加强对高校网络思想政治教育平台的管控，保证网络育人的正确方向。人的发展必然是和社会的需求一致的，高校网络思想政治教育平台资源丰富、应用繁多、访问量巨大，高校网络思想政治教育平台上的教育者、受教育者自身情况也各不相同，个人需求千差万别。如何保证高校网络思想政治教育平台按照预想的目标运行，如何保证高校网络思想政治教育平台的育人方向不出现偏差，如何保证每个用户都能够得到充分、合适的教育资源和教育内容，高校网络思想政治教育平台应充分利用先进的网络技术，做好平台的信息安全和行为监控工作，一方面要建设发展平台，另一方面要管理规范平台，特别是坚决杜绝违反国家法律法规的内容，杜绝"人肉搜索""网络暴力"等网络行为的出现，净化网络空间。

基本的教育学规律，也是高校网络思想政治教育平台的重要借鉴。从认知与情感协同活动的规律出发，高校网络思想政治教育平台也要做到以情动人、以德育人、以文化人、以理服人。高校网络思想政治教育平台的背后，体现了人的思想、态度和情感，在文字、图片、视频的背后，是一张张鲜活的面孔。美观的平台界面、流畅的访问体验、快捷的使用体验、及时的用户沟通，更容易让高校网络思想政治教育平台的内容深入人心。要把教育者、受教育者的情感，把管理者、运营者、开发者、用户的情感注入高校网络思想政治教育平台中去，这样才能真正引起全体用户的共鸣。过去，我们总是把网络思想政治教育的开展，简单地等同于如何利用好单一的流行网络应用。高校网络思想政治教育平台的提出，就是从多种教育力量协调配合的规律出发，不断整合网络资源和网络应用，不断丰富和完善网络思想政治教育平台的服务和内容供给。特别是要整合当下流行的网络应用，如搜索引擎、QQ、微信、微博、京东、淘宝、支付宝、优酷、知乎等典型网站和典型应用，在满足用户网络互动需求的同时，整合各方面力量来潜移默化地影响和引导用户。从及时反馈和强化的规律出发，高校网络思想教育平台就是要利用好先进的网络技术，智能化、人性化地根据用户的自身情况、实际需求、互动效果来规划和安排后续的网络思想政治教育。当前的网络大数据，已经能够实现根据用户的登录地点、使用习惯、应用记录等信息，主动地对网络应用进行智能化控制。这些先进的网络技术的应用，使得高校网络思想政治教育平台具备一定的自我调节机制，能够对用户的反馈信息进行充分的收集，并对自身进行改进与强化，从而使高校网络思想政治教育平台的作用得到最大的发挥，增强网络思想政治教育的有效性和针对性。包括教育学中的掌握知识和发展能力相统一的规律、言传与身教相统一的规律、教师主导作用和学生主体地位相结合的规律等，都能够在高校网络思想政治教育平台中得到很好的借鉴和应用。

2.4.2 传播学：高校网络思想政治教育平台对传播环境的营造

传播，指两个相互独立的系统之间利用一定的媒介和途径所进行的有目的的信息传递活动。最通俗的传播模式称为直线传播，就是谁（who）、说什么（what）、通过什么渠道（in which channel）、对谁（to whom）说、取得什么效果（with what effect），即"5W模式"。更进一步地，其也被称为循环传播模式：在传播过程中，信息的接受者也可以成为信息的传送者；信息的传送者，也可以成为信息的接受者。信息在传送者和接受者之间反复循环传播，使得传播路径更加复杂，传播效果被反复扩大。循环模式更加符合当前的信息化社会的特性，特别是网络中的信息的重复传播和叠加。

拟态环境是传播学中一个很重要的概念，通常表示在大众传播活动中形成的信息环境。在大众传播中，人们并不能直接接触到所有的客观真实，而只能透过大众传媒去了解环境。大众传媒通过对信息的选择、加工、处理、组合，最后向大众营造出客观环境的样子。因此，人们脑海中出现的客观环境，实际上是大众传媒经过系列的信息处理之后，传递给大众的虚拟环境。在当前的信息社会，传播媒介更加丰富，传播的信息良莠不齐，人们将面对更加复杂的拟态环境。另一个值得重视的理论叫刻板效应，也称刻板印象，其是指人们对某一群体的看法与评价较为固定，并且将这一看法与评价附加于这一群体的个人。虽然在一定情况下，刻板印象对某一事物无须进行详细的信息探索，并能够对实际情况进行迅速掌握，能够节省较多时间与精力，但是由于其具有一定的片面性，未充分考虑群体内部个体的差异，因此往往会形成一定的偏见，将群体内具体的个人看作某类人或者某类事的典型，或者将某类人或者某类事等同于某个人的评价，因而对正确的判断产生干扰。如果没有及时发现并予以纠正，刻板效应可能会导致歧视现象的产生。如今，网络技术的日益发达使信息传播中的刻板效应更加明显。

高校网络思想政治教育平台要根据资源的不同，综合利用好直线传播和循环传播：对于重要的、必须严格确保真实性、完整性和时效性的网络信息和网络资源，应该采用直接传播的模式，从传送者直接到接受者，避免传播中的信息失真问题；对于其他一般性的网络信息和网络资源，则应该通过循环传播的模式，充分利用高校网络思想政治教育平台中各种应用的优势，让信息在不同的网络应用之间反复传递、叠加、循环，形成零星的、松散的，但是覆盖范围更广、持续时间更长、灌输效果更好的传播。从传播学的角度看，高校网络思想政治教育平台在某种程度上也提供了一种拟态环境，在这种拟态环境中，此平台不仅可以进行信息传播，也可以进行网络互动。一方面，高校网络思想政治教育平台要确保拟态环境的客观性，反映真实的社会，而不能去人为地、主观地对拟态环境进行再加工、再选择，让用户有不真实感，或者当用户从高校网络思想政治教育平台回到现实社会时，有强烈的差异感；另一方面，高校网络思想政治教育平台所营造的拟态环境，也要发挥好对现实社会环境的引导和改造的作用。积极健康的网络环境，会让用户产生向往，并最终用于改造用户所生活的真实社会环境。

在网络环境中，刻板效应被明显放大。在社交平台上，很多"大V"都动辄有上百万、上千万的粉丝，"大V"们在不经意间的一条微博，就能够搅动整个网络。百度的"莆田系"事件，就是百度依靠其在网络搜索引擎中的垄断地位，强制地进行医疗信息的推广，而用户却把商业医疗信息，误以为是正规、合法的医疗服务。在各种微信、QQ、朋友圈中被肆意转发的虚假消息，实际上都是利用了社交圈中的相互信任关系。随着网络应用社交属性的不断增强，刻板效应愈加明显，虚假消息更容易被制造和传播。高校网络思想政治教育平台要对平台信息和服务进行有效管控，特别是对网络影响巨大的网络应用、网络服务和网络用户，高校网络思想政治教育平台依法依规进行有效管理；也要防止用户对高校网络思想政治教育平台产生刻板效应。如果高校网络思想政治教育平台的内容和服务无法和用户的需求进行有效对接，如果高校网络思想政治教育平台总是以一副教育者的面孔出现，那么广大用户一定会对网络思想政治教育平台产生一定的畏惧心理，甚至对其内容和服务避之唯恐不及。

2.4.3　社会学：高校网络思想政治教育平台发展人的社会化

社会学是系统地研究社会行为与人类群体的学科。随着我国社会主义市场经济体制的不断完善和社会主义事业建设的不断深入，我国各方利益格局发生了巨大的变化，人们的思想受外界多元文化的影响逐渐趋向于多样性、独立性发展。在如今文化交流的大熔炉中，多种思想理念、文化思潮、价值观念不断地交融，这必将使人们对主流思想的认同产生影响，人们的价值取向日趋多元化。人的思想意识的多元化，必然要求思想政治教育要有更强的针对性，分级、分层、分类地掌握不同对象的意识。面对社会阶层分化带来的新挑战，思想政治教育在方法上要注意层次性。在大数据条件下，通过大数据的收集、整理和分析，我们能够做到对独立个体进行有针对性的引导和关注。

人的社会化是指人接受社会文化的过程，即生物人成长为社会人的过程。个人在与社会的互动中，通过对社会文化的学习和内化，逐渐形成个体的个性和人格。人的社会化过程，就是人逐渐使用社会环境的过程，是人经历社会发展变迁的过程，是人类社会运行和人类文明繁衍的过程。人在社会化的过程中，自身的心理能力得到了发展，自身人格得到了相应的健全，行为方式也得到了充分的改善。但是，由于个体的差异，人在社会化的过程中的具体实现方式、内容以及途径等具有一定的差异性。而这种差异又使得思想政治教育的原则中需要有相应的差异性以及针对性，需要在实际的教育中因材施教、针对性教学。人在社会化的过程中被社会影响和塑造，同时个人也通过主观能动性的发挥，同步地在改造着社会和自己。人的社会化需要将人作为个体在不断的实践中进行，只有通过深入的实践，个体才能逐步实现社会化，而更多的实践来源于人们的社会生活。

思想政治教育促进人的社会化。人的本质不是永恒不变的，而是发展变化的，人的社会化也是终其一生的。思想政治教育的内容是以政治教育为核心和重点的思想教育、道德教育、生命教育和心理教育，通过这些教育培养符合社会要求的人，培养其良好的政治倾向、思想理念、道德修养以及心理素质，这就是对人的本质的塑造与发展。思想政治教育可以通过转化为具体的制度规范的方式，对人们的生活方式和行为方式进行规范和指导，使正确行为得到鼓励，使错误行为受到谴责。

当下，网络互动在人的社会化过程中，发挥着越来越重要的作用。第一，高校网络思想政治教育平台如何引领正确的网络互动方向，保证人的社会化的正确方向。网络信息真伪难辨，网络内容良莠不齐，部分负面的网络行为暂时还无法得到有效的管控。高校网络思想政治教育平台的建设，就是净化网络空间，有效规范网络互动的重要举措。但同时，高校网络思想政治教育平台本身也需要得到有效的管理和监督，以保证高校网络思想政治教育平台按照正确的方向开展建设和运行。第二，高校网络思想政治教育平台如何提供更好的网络互动，促进人的社会化。实践是检验真理的唯一标准，高校网络思想政治教育平台对人的社会化的促进，要通过提供形式多样、内容丰富的网络实践来实现。高校网络思想政治教育平台要深刻体现"寓教于乐""寓学于乐"，不能只是单纯的教育平台、理论学习的平台。第三，高校网络思想政治教育平台如何体现分级、分层、分类教育的原则。思想的多元化，要求既要始终坚持网络思想政治教育平台主流意识形态的宣传教育，特别是坚持社会主义核心价值观入网、入脑、入心，也要积极做好其他多元化思想的引导、教育和转化工作。高校思想教育者既要坚持社会主义核心价值观占领主渠道、主阵地，发挥好主导作用，又要善于转化其他的多元思想，利用好高校网络思想政治教育平台内容丰富、形式多样、灵活多变的特点，分级、分层、分类地进行网络思想政治教育工作。

2.4.4 心理学：高校网络思想政治教育平台对个体差异的关注

近年来，心理学和思想政治教育的结合愈加紧密，越来越多的研究者开始从心理学的视角开展思想政治教育的相关研究。人的思想与心理在本质上是同源的，思想和心理的形成相互影响。20世纪80年代，在"思想政治工作科学化"的大背景下，有学者提出思想政治教育心理学，是思想政治教育与心理学科的交叉学科。思想政治教育心理学基于心理学视角对思想政治教育有关心理问题的规律以及现象进行了审视，是加速思想政治教育科学化的有效手段。

心理学认为，人是有个体差异的。一般而言，学生的个性心理差异是指学生在自身的心理发展过程中所表现出来的比较稳定的个性心理特征。其主要体现在学生的气质、性格和能力三个方面。我们开展思想政治教育工作时，若承认人的个体差异，那么就能够做到对不同个体有不同的教育方式，使其更加具有针对性。承认个体的差异性，思想政治教育工作就能做到因人而异，使教育更富有针对性和实效性。与个体差异理论相匹配的教学方法是因材施教。人的思想品德结构是一种心理结构，因此人的思想活动规律受制于人的心理活动规律。人的思想活动具有主体差异性。同时，思想政治教育的接受也要契合人的心理：思想政治教育理论要适合受教育者的心理需要和心理接受能力，思想政治教育方法的选择应遵循人的心理接受规律，心理学方法要在思想政治教育中得到很好的运用。

著名科学家钱学森提出了社会思维的概念，而且社会思维是人的基础的思维方式。社会思维即人对所处客观现实的认识，这一观念的基础是无数个体的思维与集体思维之间的相互作用，是一个具有多元性的复合体系。社会思维的演进机制和规律表现为个体思维和群体思维的相互作用、相互影响和相互转化。思维互动既是思维方式和思维定式形成的基础，也是思维交流和有效沟通的必要条件。社会思维同样具有导向、协调、传播和传承的功能。社会思维，同时又体现出社会学中人的社会化的过程。因而，人的社会思维和思想政治教育的关系密不可分。

从社会思维的角度看，高校网络思想政治教育平台的有效建设离不开全方位、多层次的网络互动，同时该平台也要对社会思维素养进行大力的培养。首先，要充分认识高校网络思想政治教育平台。充分的网络互动，推动高校网络思想政治教育平台所承载的社会价值体系向个人的社会思维不断转化和渗透，把思想政治教育的外在要求转化为个人内在行为规范。充分的网络互动把无数的个人思维汇聚、凝练、提升为体现时代精神和时代特点的社会思维。其次，网络思想政治教育平台互动是多层次、多方位的，既有受教育者和教育者之间的互动，也有受教育者和受教育者之间、教育者和教育者之间的互动，还有受教育者和网络思想政治教育平台，教育者和高校网络思想政治教育平台之间的活动，甚至高校网络思想政治教育平台各要素之间也有互动；既有个体和个体的互动，也有群体和个体的互动，群体和群体的互动。互动的结果，不仅对用户造成影响，也给高校网络思想政治教育平台带来影响。良性的网络互动，将更加有利于高校网络思想政治教育平台的开发、建设和运行维护；有害的、恶意的网络互动，会对网络互动各方——教育者、受教育者、高校网络思想政治教育平台造成坏的影响。最后，要特别关注人的差异性。有的用户喜欢看新闻，有的用户喜欢看搜索引擎，有的用户喜欢购物，有的用户喜欢网络游戏、网络视频。如果更细致一些，有的用户喜欢国际新闻，有的用户喜欢社会新闻，有的用户喜欢政治类消息，有的用户喜欢八卦消息，甚至有不少用户不看正文专看评论。有的用户习惯用电脑，有的用户偏爱用手机。针对不同用户的不同需求、不同心理特质，高校网络思想政治教育平台还要细分出若干应对不同用户、满足不同需求的子平台、分系统。在高校网络思想政治教育平台中，基于心理学层面的大学生接受机制、反馈机制，个体与群体的异同，不同资源、不同应用产生的不同效果等问题，同样值得重点思考与关注。

2.4.5 管理学：高校网络思想政治教育平台研究的系统性思维

高校网络思想政治教育平台的监督与管理包括高校网络思想政治教育平台的用户管理、内容管理、运营管理等多个方面。管理学的基本原理和方法，对建设高校网络思想政治教育平台以及促进其有效运营具有重要意义。

管理学中的系统论是高校网络思想政治教育平台的重要借鉴。系统论的核心思想是系统的整体观念，即将高校网络思想政治教育平台中所有的对象都视为一个系统，通过分析高校网络思想政治教育平台的结构和功能，对平台本身，平台中的各个要素、平台周边环境等之间的联系进行充分的研究。高校网络思想政治教育平台是一个有机整体，平台的整体功能远远大于平台中各要素的功能之和。因此，研究高校网络思想政治教育平台，不仅仅是对其中的各个组成要素的深入研究，同时还要将其作为一个系统进行分析，以充分促进其整体作用的发挥。更进一步讲，高校网络思想政治教育平台和平台所处的环境，特别是和平台建设、运营相关的高校网络思想政治教育的体制、机制等软环境、软系统的关系，也在很大程度上决定了高校网络思想政治教育平台的作用发挥。因此，我们并不能机械地将高校网络思想政治教育平台视为网络思想政治教育的独立要素进行研究。

高校网络思想政治教育平台管理的重要内容就是信息管理。信息是事物的存在状态和运动属性的表现形式，信息管理通常理解为人们进行信息加工的全部工作，包括信息的收集、加工、输入、输出等。随着网络社会的到来，社会经济发展的资源中信息资源的重要性逐渐体现出来，它对人们的价值观念、工作方式以及生活习惯等方面产生了重要的影响。对信息的有效管理，实际上就是对人的活动的有效管理，对系统各要素的有效管理。

柔性管理是一种"以人为本"的现代化管理模式，柔性管理与思想政治教育有很强的共通性。柔性管理并不以管理权力为依托，而是通过激发被管理者对组织文化的认可、对组织愿景的认可，激发被管理者的主观能动性和创造力，把组织的意志转化为个人的自觉行动。柔性管理和思想政治教育的共通之处在于，都是通过思想上的主动接受和认可，达到对个人主观能动性的激发，从而更好地达到管理目的。如何在高校网络思想政治教育平台中，不断激发和引导大学生主动融入思想政治教育，而不是"填鸭式"地对学生进行宣传和教育值得思考。学习型组织对柔性管理进行了更深入的扩充。其基本方式为发现错误、纠正错误、获得成长，组织思维能力的建立在学习型组织中占据着核心地位，主动学习、勤于思考、勇于创新是学习型组织的基本精神；系统思考是学习型组织中最具特色的部分。学习型组织的基础是团队学习。简而言之，学习型组织在组织内部建立个人和组织的共同目标和愿景，在急剧变化的组织内外部环境中，通过个人学习、团队学习，实现自我革命、自我超越，将组织带入一个新的层次，更好地实现个人和组织的发展。

从过去单一的网络思想政治教育载体研究，到现在系统性的高校网络思想政治教育平台研究，都很好地遵循了管理学中系统理论的观点。只有充分调动好网络中的各要素，才能最大化地提升网络思想政治教育的效果。这就需要利用好网络中的有利资源，有效地配置好各种网络应用，协调好网络、用户、平台三者之间的关系，构建好无处不在、无所不包的高校网络思想政治教育平台。高校网络思想政治教育平台内部要有效而合理地做好资源配置，充分发挥每一种网络服务、网络应用的优势，形成网络思想政治教育的闭环，充分实现"1+1>2"的效果。系统理论最重要的意义，就是要彻底抛弃"只见树木、不见森林"的研究实践模式。我们要把高校网络思想政治教育平台真正放在宏大的网络背景下去研究，以高校网络思想政治教育平台为中心，最大限度地连接一切有利的网络资源和网络应用，最大限度地发挥出高校网络思想政治教育平台的积极作用。

思想政治教育目标明确，但教育过程、教育效果难以量化，难以考核，绩效管理更是无从谈起。有效的绩效管理，能够显著地增强网络思想政治教育的有效性和针对性，避免网络思想政治教育研究和实践的盲目性。一方面，高校网络思想政治教育平台管理人员，通过对大数据、云计算等先进网络技术的应用，将网络思想政治教育平台、平台用户的网络互动进行数据化，从而定量地对高校网络思想政治教育平台及平台各应用的使用情况进行分析，更利于高校网络思想政治教育平台本身建设和运营的优化。另一方面，平台能对用户网络互动的情况进行更为数据化的分析并找出网络互动相关关系，从而提升高校网络思想政治教育平台的育人效果。

从发展趋势来看，高校网络思想政治教育平台应该走上一条自我学习、自我完善、不断超越的发展道路。高校网络思想政治教育平台不仅是教育的平台，也是学习的平台。依靠先进的技术，高校网络思想政治教育平台通过对用户网络互动数据的分析，也推动了高校网络思想政治教育平台的进步和发展，使得高校网络思想政治教育平台能够根据用户的习惯、特点等因素，动态地调整平台资源和服务，前瞻性地去引导和满足用户需求。平台和用户，应该共同提高、共同完善，任何一方的停滞不前，都会导致系统的不稳定。

2.4.6 政治学：意识形态是高校网络思想政治教育平台的生命线

思想政治教育本身源于政治需要，思想政治教育包括很多内容，但是均受到政治制度、规范、意识的影响，思想政治教育工作的开展是为政治服务的，因此，其教育内容中的方方面面均体现着有关政治的内容，其本质属性就是政治性。同时，思想政治教育本身也具有引导和批判各种政治思潮的职能。

政治性是思想政治教育的鲜明特征，坚持正确的政治导向，培养国家和社会需要的合格建设者和可靠接班人，营造积极健康的网络环境，是高校网络思想政治教育平台的生命线。网络互联互通的特性，衍生出了"自由、平等、分享"的互联网精神。在思想政治教育的语境中，其往往容易被解读为：为了增强网络思想政治教育的吸引力，为了实现所谓"平等、自由"的互动和交流，而放弃了教育者在网络思想政治教育全过程中引导、指导的主体地位，进而丧失网络思想政治教育的根本目标和基本遵循。我们在实践中也可以观察到这样的例子，各种开展网络思想政治教育的场景非常热闹，实际却完全无用，甚至出现盲目追求形式上的好看，无条件、无原则、无底线迎合用户需求的情况。

对政治性的要求主要有三点：一是高校网络思想政治教育平台要体现国家意志、党的意志，体现党的教育路线和方针。习近平总书记多次强调，高等教育要与国家的需求、人民的需求、社会发展的需求相适应，为中国共产党治国理政服务。高校网络思想政治教育平台的一切资源和内容，都必须服从和服务于这一根本目标。二是高校网络思想政治教育平台要坚持马克思主义的指导地位。有学者从四个方面进行了总结，第一把握完整的马克思主义理论，第二坚持马克思主义在意识形态中的指导地位，第三推进马克思主义中国化进程，第四丰富和发展马克思主义。我们既要坚持马克思主义的基本原理和方法，又要坚持解放思想、实事求是、开拓创新。三是高校网络思想政治教育平台要引领正确的社会思潮，坚持弘扬社会主义核心价值观。核心价值观承载着一个民族、一个国家的精神追求。网络是各种社会思潮最为泛滥的场所，如果不用社会主义核心价值观的内容去占领网络，就会有其他的意识形态和文化去占领网络。一方面，我们要旗帜鲜明、理直气壮地强调高校网络思想政治教育平台的政治性、阶级性，坚持马克思主义对网络思想政治教育平台建设运行的指导，强化网络思想政治教育平台在引领网络思潮、净化网络空间、网络育人等方面的价值和作用；另一方面，我们也要加强对高校网络思想政治教育平台和整个网络空间的管控，严格依法、依规管理好高校网络思想政治教育平台。

马克思指出："理论一经掌握群众，也会变成物质力量。理论只要说服人，就能掌握群众；而理论只要彻底，就能说服人。"政治性既是高校网络思想政治教育平台内容的要求，也是形式的要求。坚持正确的政治导向，绝不是否定新技术、新应用，更不是重回刻板说教的老路。坚持正确的政治导向，根本在于坚定道路自信、理论自信、制度自信、文化自信、制度自信，坚持用社会主义核心价值观感染人、引导人，坚持理直气壮地摆事实、讲道理，坚持真懂、真信。

2.5　本章小结

高校网络思想政治教育平台研究，既是理论的研究，也是实践的研究。探究高校网络思想政治教育平台的技术基础、应用基础和理论基础，就是找寻高校网络思想政治教育平台研究的起点。高校网络思想政治教育平台研究，一是要充分考虑网络技术在平台建设、发展中的重要推动作用；二是要充分借鉴成熟商业应用、商业软件、商业模式的成功经验；三是要深化马克思主义基本原理、基本方法，思想政治教育的相关理论，以及相关学科的基本原理和方法，并在高校网络思想政治教育平台建设、运营中的积极应用。

3 高校网络思想政治教育平台内涵

本章进一步探讨高校网络思想政治教育平台的基本内涵，介绍高校网络思想政治教育平台的特征、要素、分类、功能等内容，丰富和完善高校网络思想政治教育平台的基本构架。

3.1 高校网络思想政治教育平台内涵解析

3.1.1 平台化的高校网络思想政治教育新场域

高校网络思想政治教育平台，同时具备环境、载体、方法等要素，但从其基本内涵来看，平台的概念更与场域相契合。

在平台中存在着若干网络思想政治教育的作用，我们可以将这些作用力理解为平台中的网络资源与相关的应用，以及使用平台的用户之间的互动。这些用户既包括从事思想政治教育的教育者，还包括受教育者。随着平台规模的不断发展与扩张，其包含的资源内容与形式将更加丰富，对用户的吸引力将会更大，从而使用户数量大大增加，同时也使其中的复杂性大大增加。从外部的角度来看，高校思想政治教育平台的扩张，必然会使之同外部的交流与联系增加，必然使得其互动程度提升，必然会有更多从外部而来的作用力对其产生影响。

平台的不断发展与扩大将会引发平台内外部作用力的增加，这对通过网络渠道开展思想政治教育带来了重大的影响，将会使平台中思想政治教育活动的各种互动更加复杂。进一步讲，平台的内部作用力与外部作用力相互交错、相互交织，形成了环环相扣的紧密网络。这不仅使人与人之间的关系更加复杂，人与物之间、物与物之间的关系也更加复杂化，促进精神与物质的互动，同时也使人与网络资源的互动与联系得到加强。特别在先进科学技术的推动下，网络平台将同时带来网络资源和网络应用的升级完善，以及将人与物、人与人的作用推向更高的层次和水平。

高校网络思想政治教育平台对思想政治教育空间的构建，就是要容纳更加多样化的教育活动，使思想政治教育活动更加丰富，网络互动得到更充分的发展、完善和丰富。在网络空间中，我们要依托先进的网络技术，通过对高校网络思想政治教育平台的不断完善，才有可能构建更加宏大的场域，容纳更多的资源和人，并产生出更多的作用力与网络互动。

3.1.2 连通一切的高校网络思想政治教育新形态

第一个层次是物与物的互动。平台内部网络资源和网络应用的互动，能够使平台运作更加科学、高效；平台与平台外部网络资源和网络应用的互动，有助于外部资源的内部化，并进一步增强平台的有效性和针对性。特别是在大数据、人工智能技术等先进网络技术的支持下，物与物之间的互动不是机械的、被动的；而是网络资源和网络应用之间基于一定的"智能"技术主动为之，目标是为用户提供更加有效的资源和服务。物与物的互动，实质就是在平台各资源之间、各应用之间，平台内外部资源之间，提供更加高效、优质的协作与支持，这主要体现在平台运作更加流畅，资源使用更加高效，用户体验度明显提升。

第二个层次是人与物的互动。人与物的互动，在改造平台自身的同时，也使与平台相关的内外部资源得到了一定的改造；通过产品和人的改造，产品和用户得到优化和提升，从而使通过网络进行交流与互动的渠道更加畅通。平台本身就是在充分借助先进网络技术的前提下，缩短互动时间，达到更好的效果。人与物的互动，是用户与平台之间相互作用、共同提高的过程。在互动中，人体现为网络思想政治教育目标的逐步达成，物体现为平台建设的不断完善、功能的不断增强、效果的持续提升。

第三个层次是人与人的互动。高校网络思想政治教育平台能够提供更有针对性、有效性的互动环境、互动渠道、互动方式和互动内容，让用户在和谐、友好、自然的状态下，完成人与人的互动。人与人的互动，应该是全方位、多层次的。互动的深度和广度、互动的内容和渠道，应该得到全方位的支持。以平台为纽带，人与人的互动频率、互动质量甚至互动的渠道、方法，都得到极大提升，进而增强互动的质量和效果。平台的发展，还将继续产生新的、更有效的人与人的互动模式。

第四个层次是线上与线下的互动。在网络环境所构成的大社会中，社会生活与网络不断地融合，逐渐形成一个整体。我们以平台的有效建设为轴心，将线上线下的活动融合起来，降低互动的成本，消除互动的障碍，保证在高校网络思想政治教育平台中，用户能够实时、便捷地享受到充分的线上线下互动。线上线下的互动，是网络社会化的进一步延伸，真正为用户构建全天候的、多层次的网络思想政治教育平台，其实质也是全天候不间断地为用户提供优质服务的过程。

3.1.3　技术驱动下的高校网络思想政治教育新阶段

技术驱动是平台的显著特征与特色内涵。网络技术每一次的突飞猛进的进展，都会给平台的建设带来相应的发展与变化，并进一步推动高校网络思想政治教育的新变革。随着网络技术的不断发展，以及相关技术经验的不断总结与积累，高校思想政治教育的发展与相应的网络平台的建设将会实现新的突破，从本质上发生巨大的变化。从长期的研究成果来看，高校网络思想政治教育平台是高校加强思想政治教育的重要依托、重要抓手。缺乏平台这一具体的阵地，加强高校网络思想政治教育就成了空中楼阁；缺乏平台这一具体的阵地，不管研究成果多丰富，高校网络思想政治教育依然无法落地，难以在具体实践中得到应用。技术催生了高校网络思想政治教育平台，技术也推动了高校网络思想政治教育平台的发展、完善，更新、更好的技术也必将引领高校网络思想政治教育平台发挥出更大、更好的作用。从某种程度上讲，正是技术赋予了高校网络思想政治教育平台的新内涵、新功能、新使命；如果没有强大的网络技术，我们也不会将高校网络思想政治教育平台的研究与实践置于如此重要的地位。

网络技术的不断进步与发展，使得网络交往的多层次、全方位开展，推动了网络资源得到了极大的丰富，推动了平台建设的不断更新与升级。当前，大数据技术、虚拟现实技术、人工智能技术、区块链技术等在高校网络思想政治教育领域正处于研究起步阶段，有极好的应用前景。在平台的建设中充分融入先进的网络技术，平台必将发生革命性的变化，使教育教学模式发生根本性的转变，为高校进一步开展相关的教育工作提供源源不断的推动力。

3.2　高校网络思想政治教育平台的特征

3.2.1　系统性：构建高校网络思想政治教育生态

高校网络思想政治教育平台的系统性，一是体现在高校网络思想政治教育平台作为全国性的网络思想政治教育系统，必须坚持全国一张网，统一建设、统一运营、统一管理；二是体现在组成高校网络思想政治教育平台的资源和应用的系统性。

在当前的网络条件下，各自为政的高校网络思想政治教育平台开放建设模式已经不合时宜。只有全国性的高校网络思想政治教育平台，才能够在用户、功能、资源、技术等方面体现出优势。我们要实现对高校网络思想政治教育平台系统化的建设和管理，处理好大集中、小分散的关系。大集中，就是集全平台之力，进行高校网络思想政治教育平台的开发、建设，资源导入、政策保障，按照统一的规划和部署进行运营、推广，并逐步在全国范围内实现资源协调和整合，不断丰富高校网络思想政治教育平台的资源和功能，提高高校网络思想政治教育平台在整个互联网范围内的影响力和地位。小分散，就是根据不同的地域、不同的高校、不同的学科专业，实行差异化的运营策略，打造各自的特色和优势。坚持全国一张网，能够保证高校网络思想政治教育平台的正常建设和发展，通过分散化的运营策略，体现出高校网络思想政治教育平台的本地化优势。

高校网络思想政治教育平台，是若干网络资源和网络应用的综合体。高校网络思想政治教育平台，既要整合平台内部的资源和应用，又要实现对商业网络中有效资源和应用的连通与整合。和过去相比，当前网络条件下的高校网络思想政治教育平台，是复杂而庞大的网络系统。系统各部分以及整个平台系统，构成复杂，作用机制也各有不同。同时，高校网络思想政治教育平台系统又和高校整体的网络思想政治教育系统相融合，形成相互嵌套、相互协作的关系。

面向教育是高校网络思想政治教育平台的定位，也是高校网络思想政治教育平台能够掌握的核心优势。但这一优势并不是绝对的，目前，各互联网巨头对教育行业已经枕戈待旦。因此，高校网络思想政治教育平台一是必须坚持报团取暖，而不能继续各自为政，对平台要有系统性思考、系统性规划、系统性的统筹和布局，善用各种政策和行业资源。二是深入推动高校网络思想政治教育平台与行业的融合。系统性不仅是对平台自身建设的要求，也是对平台与平台外部体制、机制融合的要求。平台的强大功能，还要依托于与平台相关的外部系统的紧密配合才能发挥最大作用。值得关注的是，高校网络思想政治教育平台，在研究和实践中都已经远远超出了思想政治教育的范畴，与多学科、多行业有了若干的交集，因此应该更加广泛地吸纳相关领域的人才，开展更加多样化的研究。

3.2.2　动态性：用户需求和平台功能相互促进

网络资源和网络应用的频繁更迭，是互联网的显著特征。网络技术的发展日新月异，高校网络思想政治教育平台不仅要面对内部资源和应用的动态调整和变化，还要面对外部网络资源和网络应用的优胜劣汰。从高校网络思想政治教育平台内部来看，在用户和技术的双重推动下，内部资源和内部应用的调整、更新、升级是常态；从平台外部来看，网络资源和网络应用的动态调整更为剧烈。唯有跟上网络发展的步伐，及时对高校网络思想政治教育平台的内部和外部资源进行动态调整，才能始终对用户产生吸引力。

高校网络思想政治教育平台的动态性，还体现在用户需求的动态性。一方面，对用户已有的需求，高校网络思想政治教育平台需要不断变换路径和方法，以持续、深入地实现对用户需求的满足；另一方面，现有的（不）满足状态必然会激发出用户新的需求，从而对平台的功能、运营甚至平台的体制机制形成新的更高的要求。互联网的发展变化一刻不会停止，用户对新功能、新体验的向往一刻也不会停止，因此高校网络思想政治教育平台始终会处于动态调整、更新的状态中。

互联网商业领域是对动态性变化最为敏感的领域，任何技术的发展、用户的变化都会第一时间在互联网商业领域得以体现。长期以来，高校网络思想政治教育均滞后于社会现实的发展变化，高校网络思想政治教育平台的建设和发展更是处于模仿和学习的阶段。其原因归结起来有两个方面：一方面，高校网络思想政治教育和高校网络思想政治教育平台的相关研究者、建设者，依然以过去的思想政治教育学科人员为主，对思想政治教育之外的变化不够敏感；另一方面，高校网络思想政治教育平台依然未能走出过去红色网站建设的习惯性思维，缺乏商业性、缺乏娱乐性，缺乏对用户学习、生活需求的关注和满足。

3.2.3　场景化：丰富和完善基于平台的网络交往

高校网络思想政治教育平台的场景化，实质就是用户对高校网络思想政治教育平台的体验和满意度，即用户使用高校网络思想政治教育平台的时机和频率。场景化与高校网络思想政治教育平台的功能相关，与用户对高校网络思想政治教育平台的使用度相关。

在网络社会中，高校网络思想政治教育平台能够在多大程度上解决用户的网络化生存问题，取决于其应用场景是否足够丰富。高校网络思想政治教育平台应用场景越丰富，平台和用户的网络互动就越充分，能够预期的作用效果就越好;反之,高校网络思想政治教育平台的应用场景匮乏,平台对用户而言就缺乏黏性,就很难保证用户的使用。场景化是当前网络应用开发和运营的核心问题。在高校环境中,高校网络思想政治教育平台要紧紧围绕用户的学习、工作、生活的实际,突出平台的核心优势,不断丰富和完善高校网络思想政治教育平台的使用场景。

从内部看,高校网络思想政治教育平台可以应用在就餐、答疑、作业、请假、借书等多个高频应用场景;从外部看,高校网络思想政治教育平台可以联合进行校园周边团购、实习、培训、单车、旅游等中频的应用场景;购买暑期学生优惠票、党员发展、三金评定等阶段性的低频应用,依然可以通过高校网络思想政治教育平台得以实现。任何一款网络产品,没有应用场景,任何功能都无法实现;网络产品如果都无法吸引用户去点击使用,那么再好的理念,再强大的功能,都是空谈。

3.2.4 功能化:服务于人的全面而自由的发展

高校网络思想政治教育平台的功能化,是针对过去高校网络思想政治教育平台单一的教育功能而言的。高校网络思想政治教育平台的系统性、动态性以及场景化,指向的是高校网络思想政治教育平台对用户需求的满足度,即高校网络思想政治教育平台到底具备怎样的功能,如何通过平台功能满足平台用户的需求。

在功能的设计上,高校网络思想政治教育平台有用户衣、食、住、行的考虑,还有用户教育、发展、培养的考虑;有校园生活的考虑,还有校园之外的沟通、交流的考虑。强大的功能,能够吸引更多的用户;新用户的涌入,又会对平台提出新的功能。在功能的实现上,高校网络思想政治教育平台既要依托高校网络思想政治教育平台自身的开发、完善和升级,也要通过和其他网络应用的互联互通来实现。高校网络思想政治教育平台的功能和高校网络思想政治教育平台开发、建设、运营、管理等环节紧密联系。

3.3 高校网络思想政治教育平台的要素

3.3.1 硬件要素:打造稳定可靠高效安全的平台基础

首先是高校网络思想政治教育平台运行的安全、稳定、可靠。系统的稳定性要求,是网络思想政治教育平台最基本,同时也是最重要的要求。无法提供稳定服务的网络平台,是根本不可能被用户接受的,更不可能产生实际的作用。通常而言,硬件系统的稳定性主要体现以下几个方面:第一,硬件系统的可靠性。一是硬件系统的每一个组件的可靠性,如使用寿命、维护保养、故障排查等问题;二是硬件系统的可靠性,硬件系统越复杂,构成的组件越多,出故障的概率就越大。硬件系统的运行是否流畅、组件之间是否存在兼容性问题、系统组件配置是否恰当等,都会影响硬件系统的可靠性。第二,硬件系统的安全性。一是物理层面的安全,如基本的防火防盗、防水防潮等问题。二是面对各种紧急情况的安全,如出现地震、断电、辅助设备故障等情况时,平台如何保证硬件系统的安全和正常运转。三是硬件系统出现故障的的安全性。平台除了要加强日常的常规监测和维护,经常性地进行调整、优化,还要指定系统故障的应急方案,在保证系统正常运转的前提下,妥善处置系统故障。第三,硬件系统的维护和备份。一是网络思想政治教育平台硬件的维护和备份,保证硬件的正常运转,延长硬件使用寿命,准备充分的硬件应急预案;二是利用专门的硬件系统,对网络思想政治教育平台的数据和资料进行维护和备份。

其次,高校网络思想政治教育平台的负载均衡和扩展性问题。负载均衡就是将网络系统应用分摊到多个系统单元上执行,目的是提高系统的处理能力,提高系统的灵活性、可用性。对复杂的大型网络平台而言,其必须要实现各硬件单元之间的负载均衡,避免出现有的硬件资源被频繁使用,有的硬件资源被长期闲置的情况,从而实现硬件资源的相对均衡和动态调节。另外,其还可以通过分布式计算、云服务等技术,在更大的范围内实现系统的负载均衡,让更大范围内的用户都能享受一致的网络系统服务。全国性的网络思想政治教育平台,根据其具体的服务特点和要求,通常会采取集中-分区两级部署的模式,以提高安全性,提升访问的可靠性。对于关键性的数据和系统,网络思想政治教育平台会进行全国统一集中部署;而对于各区域性的数据,或者重要性低一些的内容,其就会分散到全国各区域性的服务中心进行部署,再通过具体的技术手段,使高校网络思想政治教育平台在整体层面上实现均衡的发展。高校网络思想政治教育平台还要重点考虑平台的扩展性。第一,高校网络思想政治教育平台要提供全方位、多层次的服务,不同的服务对应不同的数据、不同的应用、不同的权限等,要同时兼容所有的服务和应用,平台就必须具有很强的扩展性。第二,高校网络思想政治教育平台所提供的服务和应用都是动态的,会根据实际运行的需要进行调整,对需求较低的应用,要进行调整,或者作下线处理,对需求度高的应用,要不断地进行优化升级。因此,网络思想政治教育平台必须具备很好的扩展性,以应对功能和应用的调整。第三,对高校网络思想政治教育平台的本地化二次开发，是网络思想政治教育平台的特色和亮点。网络思想政治教育平台必须具备很强的扩展性，才能为二次开发提供足够强大的接口和插件。第四，网络思想政治教育平台的扩展性，还表现在网络思想政治教育平台要能够和过去、现在以及将来可能出现的流行网络应用无缝连接，能够为线上线下可能出现的新服务和新应用提供有效的支持。网络思想政治教育平台的扩展性，实质就是网络思想政治教育平台进行优化完善的必要性。

最后，高校网络思想政治教育平台的信息安全问题。第一，平台要主动通过硬件设备的部署，杜绝信息安全事故的出现。一方面，平台要防范可能来自内部和外部的入侵和攻击。平台通常会将系统部署在安全区域，在系统外围构筑好防火墙、防入侵设备，防止来自外部的攻击和入侵；在其内部会部署网络监控和跟踪设备，对来自系统内部的操作进行严格审查和记录。另一方面，各硬件设备之间的数据传输也要进行严格保护。平台要通过对数据信息进行加密保护，防止信息泄露带来的风险。第二，要加强对人的管理。平台通过细致的系统设计、制度设计、权限设计，保证数据信息和人的对应关系，即使发生了信息安全事故，也能够及时通过泄露的信息查找出信息泄露者。第三，对网络思想政治教育平台的开发者、管理者、维护者，甚至网络思想政治教育平台的用户，都要有相应的管理职责和要求。开发者是网络思想政治教育平台最底层、最核心的人员，平台必须进行最严格的信息安全管理。管理者掌握了网络思想政治教育平台的管理权限，维护者要对网络思想政治教育平台的数据和资源进行日常维护，二者都要为信息的安全性负责，并承担相关责任。用户要时刻注意信息的安全保护，增强安全意识，将个人的信息安全风险降至最低。同时，平台又要明确用户在网络思想政治教育平台使用中的信息安全责任，自觉维护网络思想政治教育平台的网络氛围。第四，要加强信息安全的制度规范。严格、严谨的信息安全制度和规范，能够对别有用心者起到威慑、警示的作用；能够对网络思想政治教育平台的其他人员起到明确的教育、提醒的作用。平台通过制度规范的建立，以制度化、规范化、流程化、科学化的方式来管理数据信息的运行，最大限度保障数据信息的安全。

3.3.2 技术要素：以先进技术促进平台作用发挥

网络思想政治教育平台要符合用户的使用习惯，要从设计和功能两个方面来考虑。网络思想政治教育平台的设计，要学习和借鉴当前流行的系统、应用的方案，在系统布局、操作方式、色彩色调、功能划分等方面，既要体现出网络思想政治教育平台自身的特点，又要遵循当前普遍的设计规范和设计原则，符合用户的使用习惯，防止网络思想政治教育平台的设计给用户带来使用上的障碍。网络思想政治教育平台的功能也要充分考虑用户的使用习惯。能够与现有的流行网络服务和应用实现互联互通的，就尽量不要再进行单独的开发和设计；网络思想政治教育平台在设计时要将当前已有的网络服务充分考虑在内，实现二者的兼容与互补，在此基础上开发独具特色的功能。比如支付功能，就可以考虑通过支付宝或者微信支付功能来实现，不增加开发成本，也不会给用户的使用增加额外的负担，相应地，还能提升网络思想政治教育平台的口碑和安全支付的水准。比如易班开发以手机 App 为重心，构筑全天候移动网络思想政治教育平台。易班 App 设计遵循了常见的商业 App 设计规范，主要的栏目、功能一目了然；各种操作、页面布局也是中规中矩，用户很快就能熟练上手。易班针对高校大学生用户，核心主打班级、社团、社群功能，把高校中的各种组织搬到了易班上，学校、学院、专业、班级、社团，按照不同的省份、城市进行划分，把全国高校集中搬到了易班上。这样的设计方式，让大学生用户能够很快在易班上找到亲切感和归属感，迅速融入易班大集体中。易班同时提供了大学生用户使用频率很高的即时通信、网络搜索、视频音频、相册日志等功能，很符合大学生用户社交、学习的习惯。

网络思想政治教育平台是技术开放的平台，是内容开放的平台，是全方位开放交流的平台。首先，构建网络思想政治教育开放平台对平台的工作效率有很大的提升作用。网络思想政治教育平台仅仅依靠单个网络软件或者应用"包打天下"是行不通的，其需要通过若干与网络思想政治教育相关的网络软件与应用的科学组合与高度优化，使单个的应用或软件实现相互补充、相互合作，进而打造一个完善的网络思想政治教育系统。平台的技术、信息越是开放，平台内部的各元素之间的技术开发成本、信息沟通成本就越低，各元素之间的技术交流和信息交流就越频繁，直接就体现为网络思想政治教育平台的运作效率的大大提升。其次，开放平台的构建有利于网络思想政治教育平台的建设和发展。开放应该遵循一定的标准，成熟的开放平台应该具有一套成熟的接口标准。开发人员通过构建网络思想政治教育开发平台，规范平台内部的技术标准、信息标准等，增强了网络思想政治教育平台建设发展的规范性、科学性、严肃性。开放的网络思想政治教育平台，更容易实现平台自身的调整和升级，也能够吸引更多的其他网络应用和网络软件按照网络思想政治教育平台的开放标准，主动与之形成良好的衔接与沟通。最后，网络思想政治教育开放平台的有效构建，也有利于网络思想政治教育平台对全网资源的利用。其对平台内部各要素要开放，对平台外部的资源更要主动开放，特别要善于利用现有的流行网络应用、网络软件，主动开放网络思想政治教育平台的技术和信息，加强网络思想政治教育平台和流行网络应用之间的沟通和联系，扩大网络思想政治教育平台的影响力和作用。同时，网络思想政治教育平台要按照标准的程序和规范，积极利用好互联网中已有的技术和资源。比如，易班平台就很好地实现了易班信息在微博、微信、QQ 等重要网络应用中的分享和应用；易班也按照各大网络搜索引擎的开放性要求，主动接受网络搜索引擎的索引，提高其影响力。

高校网络思想政治教育平台应该是一款公益性、非营利性的网络产品，其技术性的要求，首先应该得到国家政策的支持。高校网络思想政治教育平台并不直接和商业领域中的产品有直接竞争关系，其产品目标是为国家服务、为教育服务，因此平台在技术开发、技术应用等方面，应该受到国家的大力扶持。也基于此产品定位，高校网络思想政治教育平台能够和商业流行产品建立良好的协作关系，让强大的商业应用为其所用；同时，也要更加突出平台在核心领域、针对核心用户群的重要功能，既要独立自主，又要互联互通。

3.3.3 应用要素：体现对人的全面发展需求的满足

互联网商业领域有一个非常著名的观点，即先满足用户的既有需求，再创造用户全新的需求。苹果公司用苹果手机满足了用户对智能手机的需求，并通过苹果手机的推广，迅速铺开了一系列的苹果软硬件产品，在满足用户既有需求的同时，通过新产品的开发，不断引导用户新需求的产生，从而牢牢地将用户和苹果进行了绑定。

过去，思想政治教育产品不太成功的重要因素，就是过于放大了人对教育的需求，而忽视了人的其他需求。马斯洛提出，人的需求是分层的、多样的；人在同一时间内，可能会产生不同的需求。随着社会生活水平的日益提高，人的需求也越来越多样化。以社交产品为例，最开始是流行短信，比如飞信等社交软件；然后很快流行 QQ；很快又产生了微信、微博，自媒体开始大行其道；现在的社交软件中，短视频、网络直播等又占据了主流。即使是同样的社交需求，不同时期也会体现出不同的需求重点；或者同一时期也会并发出现多种需求。只有真正把用户的需求放在首位，真正做到关心用户、重视用户体验的网络产品才能生存，才可能具有竞争力。特别是在商业领域，各种商业产品层出不穷，任何一个用户需求产生的市场空白，都会被嗅觉灵敏的商业公司迅速占领。而网络思想政治教育产品如果不考虑用户需求，必然会被很快淘汰。实践从侧面也证明，好的产品也一定能够影响用户。淘宝产生了"月光族""剁手党"，催生了"双十一""光棍节"；水滴筹在微信上开始汇聚点点的爱心，挽救了一个又一个陷入困境的个人和家庭；QQ群、微信朋友圈、微博"大V"的传播影响力，在网络时代越来越被放大。网络产品是为应用而生，而被频繁使用的产品又一定能够影响用户。

高校网络思想政治教育平台应该比以往任何时候都更加重视应用性、实用性。高校网络思想政治教育平台定位为教育产品、思想政治教育产品，但是教育是全方位的、多渠道、多维度的。用户的主要需求是高质量的教育，但并不代表用户的其他需求不重要，更不代表用户的其他需求不会对用户的教育需求产生影响。显然，当高校网络思想政治教育平台能够很好地满足用户需求时，用户对平台的教育服务显然更容易达到满足的状态；如果用户能够习惯于高校网络思想政治教育平台的功能，那么平台就能够尝试着去激发用户更多的新需求。

3.3.4 人力要素：提供"又红又专"的人力资源保障

"又红又专"是高校思想政治教育平台对人才的主要需求，这需要一支个人政治素质强、技术水平高的人才队伍。高校网络思想政治教育平台地位特殊、作用重要、意义重人，这要求相关参与人员必须具有较高的思想道德素质和政治素质。讲政治是高校网络思想政治教育平台建设的基本要求。和平常的商业应用相比，它的开发难度高，而实际的薪酬待遇则相对较低，相关参与人员既要具有较强的网络技术水平，又要能够做到吃苦耐劳、艰苦奋斗。基于高校网络思想政治教育平台的特殊性，平台可能会涉及高校、教育行业甚至国家的重要信息或者机密内容，相关的参与人员既要能够保护用户的信息和个人隐私，更要能够对平台中的机密内容"守口如瓶"。

"又红又专"的另一层含义，是指高校网络思想政治教育平台的相关参与人员，在网络开发建设以及思想政治教育这两个方面均需要具有较高的水平。高校网络思想政治教育平台在以往的开发建设中，在产品功能上是割裂的，要么就是走向思想政治教育的套路，要么就是完全走向商业网络应用的套路。高校网络思想政治教育平台的根本依托，是先进互联网技术和高校方方面面工作的紧密结合，尤其是与思想政治教育的结合。平台要切实在思政教育中融入互联网技术并将技术层面的优势发挥出来，需要使二者形成完美的衔接，这在客观上要求高校网络思想政治教育平台的相关参与人员兼具互联网技术与思想政治理论知识；既要懂高校的教育教学工作，又要懂网络应用的开发、运营、营销；既要懂网络思想政治教育的原理和规律，始终以育人为导向，又要掌握网络应用的产品周期，以用户为导向，推动育人功能的深入开展和有效实施。

在新的条件下，高校网络思想政治教育重任在肩，继续延续过去的工作思路和工作方式已经不合时宜。加强思想政治教育是面向全社会的号召，是对全体教育工作者提出的要求，不能仅仅在思想政治教育领域得到回应。更多学科、更多专业背景的人才参与到高校网络思想政治教育平台的研究与实践中，能够为网络思想政治教育的开展、为平台的建设激发新的灵感和思路。

3.3.5 制度要素：构建科学高效的工作体制机制

互联网产品从产品需求分析开始，到产品设计、产品开发、产品运营、产品反馈和升级等各阶段，都有严格而标准的流程。其目的就在于，最大限度地发挥产品的特点和功能，保证产品生命周期全过程的科学、规范、可控。但长期以来，高校网络思想政治教育平台的开发建设并未得到有效的规范。主要原因之一，就是缺乏一套行之有效的高校网络思想政治教育平台开发建设的体制和机制约束。构建科学高效的高校网络思想政治教育平台建设、开发、运作的体制和机制，将极大地增强高校网络思想政治教育平台的科学性和规范性，使得平台的开发建设有保障，平台的运行和作用发挥有保障。随着以平台为中心的高校网络思想政治教育体制机制的建立，高校网络思想政治教育平台必将更好地推动高校的整体发展。相关人员对平台的开发建设规划、平台的资源使用、平台的技术应用、平台的政策保障等内容都应该明确而具体，把国家对平台建设的要求落到实处。

对平台研究、实践相关的体制机制，相关配套资源，平台也应该提供制度性的保障。高校网络思想政治教育平台不能想当然，需要深谋远虑、久久为功，没有长久就没有当下。相关人员要在与平台相关的软环境上下功夫，真正解决平台的开发团队、管理机构、运营维护等问题，甚至解决平台和政府机构、合作高校、商业企业等方面的协作体制和机制等问题。管理人员要从制度上明确平台的定位、作用，明确平台相关方的责任、义务、要求，明确平台在全国范围内的运行和作用发挥等基础性、制度性的问题。只有真正从制度上得以明确和落实，高校网络思想政治教育平台才能够潜下心来，认认真真地做好产品开发，做好用户体验的提升。

3.4 高校网络思想政治教育平台的分类

3.4.1 按平台技术手段分类

按照应用技术的不同，高校网络思想政治教育平台可以划分为单向传播平台、双向互动平台、移动网络平台。

（1）单向传播平台

单向传播平台，通常指高校网络思想政治教育平台初期出现的思想政治教育专题网站，有时又称为"红色网站"。单向传播平台的技术手段较为简单，在高校校园网范围内以专题网站的形式，向高校师生传播思想政治教育的相关内容。高校思想政治教育专题网站实质上是网络化的课堂，使思想政治教育的形式更加多样，不再仅仅局限于文字，还适当增加了图片、视频、音频等内容，让网络思想政治教育的传播更加生动而立体。

（2）双向互动平台

双向互动平台，通常指论坛（BBS）、博客、网络活动社区等形式的网络思想政治教育平台。双向互动平台最显著的特征，就是用户在平台中能够进行自由、平等的交流。用户可以自由地发表、评论、分享自己的观点和看法，用户之间可以毫无障碍地进行沟通和交流。自由沟通极大地激发了用户的激情和创意，双向互动平台的沟通质量和效果远远强于单向传播平台。同时，双向互动平台的产生也给网络信息安全、网络行为监管带来了很大困难，网络危机事件在这一时期发生比较频繁。

（3）移动网络平台

传统的高校网络思想政治教育平台都是基于网站，通过电脑访问提供服务。随着移动互联网的发展，手机网络用户已成为网民中的主流，移动 App 应用也越来越成为网络应用的主流。移动网络平台更符合当前的用户使用习惯，功能更强大、使用更方便，并且在线上、线下融合方面比电脑端网站优势更明显。移动网络平台在开发、建设各方面和电脑端都有显著区别，但目前的高校网络思想政治教育平台朝着移动网络平台迁移是趋势。

3.4.2 按平台覆盖范围分类

根据覆盖范围不同，高校网络思想政治教育平台可以划分为校园平台、区域性平台、全国性平台。

（1）校园网平台

校园网是指覆盖高校校园范围的局域网络。在各高校校园网络建设的初期，网络资源并不丰富，校园网到国际互联网的出口受到很大限制且费用昂贵。因此，当时高校用户对网络资源的访问主要局限在校园网络的范围内。后期的高校网络思想政治教育平台，主要也是针对校园网的用户提供访问和服务；但因为校园网和国际互联网的互联互通已经不存在任何障碍，因此在理论上，高校网络思想政治教育平台能够为整个国际互联网提供服务。校园网平台的服务范围集中，用户数量有限，通常在平台建设方面也会受到很大限制。

（2）区域性平台

用户数量是互联网应用的首要资源。在部分地区，区域性平台是由区域主导的，或者若干高校联合开发建设的，覆盖特定区域范围或者高校的网络思想政治教育平台。区域性平台通常都基于第三方的强力主导和支持，覆盖范围更广，用户数量更多，更容易形成用户规模。平台的资源、技术实力等能够得到更好的支持。区域性平台对平台开发建设要求更高，但并不能有效关注不同高校之间的差异性。

（3）全国性平台

高校网络思想政治教育全国性平台，通常都是由国家相关部门直接主导开发的，通常由国家负责开发、建设和运营推广。全国性平台在政策、资源、机制、技术等各方面，都能够得到国家的强有力支持，能够迅速形成规模，迅速见到成效。全国性平台是高校网络思想政治教育平台发展的必然趋势。

3.4.3　按平台建设主体分类

根据建设开发主体的不同，高校网络思想政治教育平台可以划分为自主开发平台、依托建设平台、统一建设平台。

（1）自主开发平台

在早期的高校网络思想政治教育平台建设中，因为早期的网络技术开发难度较低，投入较少，因此绝大多数高校都采取了自主开发的模式。自主开发平台的主要困难在于，一是对高校网络思想政治教育平台的运营和管理投入不足，普遍存在重建设、轻运营的情况；二是随着网络技术的发展，自主开发平台的更新升级越来越困难，最后难以为继。

（2）依托建设平台

从 Web2.0 时代开始，各高校开始尝试利用商业网站和商业 App 进行高校网络思想政治教育平台建设。典型的应用包括利用开心网、人人网、博客、

QQ 等流行商业软件和商业网站，开辟了高校网络思想政治教育平台。在微博、微信时代，各高校也纷纷建设了自己的公众号、官方运营账号。其优势在于，依托建设高校网络思想政治教育平台，投入少、见效快、运营相对简单；主要困难在于，对高校网络思想政治教育平台缺乏主导权，后期更新和升级较为困难，特别是随着商业竞争的加剧，不断有流行商业软件和商业网站下线，也不断有新的流行应用出现，在客观上造成了高校网络思想政治教育平台建设的混乱和管理的困难。

（3）统一建设平台

随着党和国家对高校网络思想政治教育工作的重视程度的加强，相关部门开始在更大的范围内开展高校网络思想政治教育平台的建设工作。由政府或者行业协会主办、各高校参与，共同开展高校网络思想政治教育相关的平台网站建设。比较典型的包括全国高校校报网，以汇聚全国高校校报新闻为主；全国的精品课程网，以汇聚全国各高校的国家级、省级精品课程为主；还包括各级大学生思想政治教育网站、各级共青团系统的专题网站以及全国大学生在线、易班网等。统一建设平台的好处在于初步实现了网络思想政治教育的资源共享，扩大了网络思想政治教育的影响；存在的问题是，全国范围内的统一建设平台依然过多，导致了资源的分散，难以取得实效。

3.4.4 按平台主要功能分类

根据建设目标不同，高校网络思想政治教育平台可以划分为教育教学平台、新闻资讯平台、管理服务平台、娱乐互动平台。

（1）教育教学平台

各高校建设数量最多的就是教育教学平台。通过高校各种教务教学系统、网络课程平台、远程教育平台等，教育教学平台在完成教育教学任务的同时，也在思想政治教育方面起到了一定的作用。

（2）新闻资讯平台

各高校新闻资讯平台同样也是常见的形态之一。高校不仅有自己的新闻网站、广播电视网站，甚至还专门开发了自己的新闻 App。高校还积极将 QQ 号、今日头条号、微信公众号、官方微博等作为高校新闻资讯平台的有效补充，形成高校新闻传媒矩阵。

（3）管理服务平台

教育信息化浪潮，催生了一批高校管理服务平台。目前，各高校的学生事务平台、后勤服务平台、校园门户系统、社团管理平台、第二课堂活动平台等都已实现了网络化。管理育人、服务育人，是高校管理服务平台建设的出发点和落脚点。

（4）娱乐互动平台

很多高校都会有面向师生的娱乐互动平台，通常都由师生中的网络爱好者搭建。娱乐互动平台能直接满足师生的娱乐互动需求，相比校内外的其他平台，有其独特的信息优势和资源优势。因此，利用高校娱乐互动平台开展网络思想政治教育往往能够收到更好的效果。

（5）综合性平台

目前，随着互联网平台化战略的凸显和高校信息化建设的推进，越来越多的高校开始实施校园信息门户工程，即把全校师生的需求集中于统一的校园门户综合性平台中。综合性平台对用户的需求满足程度更高，用户黏性更强，配合大数据技术的应用，综合性平台能够在网络思想政治教育中体现出更好的实效性和针对性。

3.5　高校网络思想政治教育平台的功能

3.5.1　教育教学功能

高校网络思想政治教育平台的根本目的是推动大学生的网络思想政治教育的开展，具体内容包括思想教育、政治教育、道德教育、心理健康教育等。其次是配合开展其他教育，比如专业教育、职业教育等。第一，教育功能的实现依托网络思想政治教育平台上的专门内容，如网络的专题学习、专门课程、网络活动等；第二，教育功能的实现依托网络思想政治教育平台提供的丰富教育资源和独特的网络技术手段，把教育的内容依附于娱乐、服务，通过持续熏陶、持续影响的方法，达成教育的目的；第三，教育功能的实现依托各种网络应用，引导大学生在网络思想政治教育平台中进行积极的交流和互动，在充分的网络互动中完成对大学生的指导工作，从而实现对大学生的教育。

网络思想政治教育平台的教育功能，是对每一个大学生进行的思想指引以及行为指导，激发大学生的精神动力，为大学生成长成才和未来发展奠定良好基础。网络思想政治教育平台开发、建设、运营、维护的全过程，都要始终服从和服务于教育的中心工作。一方面，要紧紧围绕育人目标来开展与发挥教育功能相关的工作，使大学生保持正确的基本方向和目标。网络资源浩瀚如海，网络技术日新月异，网络应用良莠不齐，网络思想政治教育平台坚持做到凡是不利于开展思想政治教育的内容，就要坚决抵制、坚决摒弃；凡是有利于开展思想政治教育的内容，就要主动接纳、主动开放、主动融入。另一方面，坚持解放思想、实事求是，特别是根据新形势下大学生的新特点，以及网络中的先进技术与先进的思维理念，不断丰富和完善网络思想政治教育平台的内容和资源，创新教育的方式方法，拓展教育的深度和广度，提供优质的教育服务。

3.5.2 管理服务功能

从管理育人的角度来看，网络思想政治教育平台可以从学生层面、教师层面、学校层面发挥其管理功能。在学生层面，网络思想政治教育平台的常规管理，包括维护、运营、开发、宣传等工作，都要依托学生团队来完成。学生团队参与网络思想政治教育平台日常管理的好处在于，通过提供一个良好的学习、实践平台，网络思想政治教育平台的教育功能在另一个层面得到了发挥，同时，学生团队的参与也有利于保证网络思想政治教育平台与学生生活实际相贴合。在教师层面，网络思想政治教育平台为教师进行学生管理提供了较大的便利。网络思想政治教育平台实现了学生信息的数据化，教师掌握的学生信息更加全面而充分，教学工作、学生管理工作通过网络思想政治教育平台进行处理，也更为方便快捷，杜绝了过去工作中存在的不公开、不透明的现象。利用网络思想政治教育平台，教师可以很好地把大面积的集中教育引导和个别的谈心谈话结合起来，更好地对学生的动态进行了解。在学校层面，网络思想政治教育平台通过对学生、教师信息的数据化，实际上对高校数据的信息化也起到了积极的推动作用。善用网络思想政治教育平台，打通网络思想政治教育平台和校内教学、科研、人事、档案、后勤、物资设备等系统的信息壁垒，不仅可以有针对性地提前做好学生、教师的管理服务工作，更有助于推动学校各项工作的数字化、信息化、标准化、精细化，提升高校的内部治理水平。

过去的思想政治教育"两张皮"的问题，核心症结就在于先进的理论武器不能转化为具体实践中需要的工具和方法。强调网络思想政治教育平台的服务功能，实质就是网络思想政治教育平台对大学生需求的反馈和满足程度。通过强化网络思想政治教育平台的服务功能，我们要让思想政治教育的成果看得见、摸得着、用得上，让网络思想政治教育平台在理论和实践中都能发挥巨大作用。

马斯洛需求层次理论对人的需求进行相应的划分，他将人的需求分为生理、安全、社交、尊重和自我实现五方面的需求，网络思想政治教育平台能够充分满足大学生的各项需求。其教育功能实质上就是通过对大学生的培养和教育，满足大学生的尊重需求和自我实现需求。网络思想政治教育平台不仅指明了大学生自我实现的方向和目标，也提供了自我实现的路径和方法。特别地，网络思想政治教育平台天生就具有教育属性，能够使大学生实现自我目标的程度得到很好的保证。网络思想政治教育平台天然是巨大的高校社交平台，平台的用户数量庞大、素质高，用户之间的社交属性强，大学生可以在网络思想政治教育平台中和全国各地区、各高校、各专业、各领域的学生、教师、专家进行充分的互动。基于相似的身份、背景和社交需求，平台中的社交与其他平台相比具有更高的质量。同时，网络思想政治教育平台越来越重视对大学生衣、食、住、行的关注，在实践中不断丰富服务的内容，提升服务的质量。通过网络思想政治教育平台，用户可以充分地开展有关的线下活动，也可以进行校内消费，同样还可以预约线上线下答疑，或者通过网络思想政治教育平台开展后勤服务。网络思想政治教育平台可以开展跨地区、跨高校的联合活动，比如志愿服务、社会实践、项目申报、旧物回收利用等。网络思想政治教育平台和商业应用的融合，将能够调用全社会的资源为大学生提供更好的服务。网络思想政治教育平台和 ofo 共享单车、摩拜共享单车的联合，可以更好地解决校园单车的问题；与滴滴的有效联合可以使大学生的出行更加方便，解决出行问题；与外卖平台的联合，可以使学生的餐饮服务更加到位，提升了学生的饮食服务水平；与招聘网站的联合，可以为学生的职业规划提供参考，促进学生就业能力的提升。

3.5.3　认知实践功能

任何事物的真理性均需要经过实践的检验，网络思想政治教育平台不单单是开展理论教育的平台，同时也应该是为教育实践提供大量机会的平台。首先，思想政治教育平台直接提供实践机会。网络思想政治教育平台拥有众多的用户，每名用户既是信息的接受者又是信息的发送者，平台上充斥着大量的网络信息和各种差异较大的观点。网络思想政治教育平台的基本氛围应该是积极向上、活泼健康、开朗乐观的。社交互动更应遵守网络道德规范，观点言论能够体现正确的世界观和价值观。其次，网络思想政治教育平台拓展了实践的渠道和方式。实践可以在线上或线下进行，可以在教室里或校园内进行，可以在社团或班级中进行；实践的主体可以是一个人也可以是一群人甚至可以是来自不同地区、不同高校、不同专业领域的人。网络思想政治教育平台通过整合网络资源和社会资源，为大学生参与实践提供了若干种可能的机会和方案。最后，网络思想政治教育平台本身也是具有实践性质的，其开发和建设的初衷在于实际的应用，在于更好地发挥育人效果。一方面，高校思想政治教育的实践就是网络平台本身的实践，网络平台的受欢迎程度、用户满意程度以及用户的具体使用情况等都对高校网络思想政治教育的平台建设起着良好的反馈效果。另一方面，高校网络思想政治教育平台的建设对其内部的基本规律的掌控、作用机制的发挥、思想政治教育平台运营、工作体制的建设具有重要作用，同时也对高校网络思想政治教育方式的优化有着积极的影响，对进一步加强和改进大学生网络思想政治教育有着非常重要的意义。

3.5.4 娱乐休闲功能

大学生对网络的使用，在很大程度上是因为其强大的娱乐功能。过去的网络思想政治教育平台效果不好的一个重要原因，就是其千篇一律都是板着面孔教育人，认为只有严肃地灌输才是教育，娱乐就不能算教育。实际上，娱乐和教育经常都是相伴相生，不分彼此的。

网络思想政治教育平台中充斥的若都是教育的内容、严肃的内容、灌输的内容，都是应该如何、不能如何，那直接反映的是网络思想政治教育的态度简单粗暴，对大学生的不尊重、不信任。从更深层次讲，这是对平台的不自信，因此我们就只能采用强制接受的方式，来抓住大学生。这显然不是互联网时代应有的教育方式。采取强制、捆绑的方式进行推广的网络应用，历来都是被用户遗弃的。娱乐功能还反映出方式方法的问题。微信凭借春节期间的发红包功能，在短时间内就抢占了支付宝不小的市场份额，被视为互联网推广的经典案例。网络思想政治教育平台的娱乐功能，就是要学会互联网的游戏规则，按照互联网的规律来进行运营。比如，网络思想政治教育平台的 App 也可以发红包，在食堂消费的时候也可以随机得到奖励金，在图书馆上自习的时候也可以使用"摇一摇，谁在一起上自习"。这些功能既带有明显的娱乐性质，又具有鲜明的导向性；既达到了效果，又为学生提供了服务。总而言之，网络思想政治教育平台就是要将意义深刻的事情变得有趣，把有趣的事情变得有意义。

3.6 本章小结

高校网络思想政治教育平台内涵的总结和归纳，是高校网络思想政治教育平台研究的重要内容。通过相关的论述和分析，本章对高校网络思想政治教育平台的特征、要素、分类、功能等进行了介绍，有助于我们进一步明确高校网络思想政治教育平台的相关内容，明确具体的研究对象。

4 高校网络思想政治教育平台建设与运营

高校网络思想政治教育平台的建设与运营研究，既是理论问题，也是实践问题。高校网络思想政治教育平台的建设和运营，与平台作为网络产品的生存、发展紧密联系，也与平台的作用发挥、目标达成密不可分。

4.1 高校网络思想政治教育平台建设思路

4.1.1 以习近平新时代中国特色社会主义思想为指导

习近平同志在党的十九大报告中指出："中国特色社会主义进入新时代，我国社会主要矛盾已经转化为人民日益增长的美好生活需要和不平衡不充分的发展之间的矛盾。"网络的飞速发展，给人们生产生活带来了深层次变革。在"互联网+"的推动下，各行各业都呈现出了良好的发展态势；丰富的网络服务和网络应用，带给人民群众极大的便利，进一步提升了社会幸福指数。在高校范围内，高校网络基础建设不断升级完善，各种高校信息系统、应用系统不断出现，教育信息化措施正在逐步实施。新形势下，社会对高校思想政治教育提出了新的要求，而当前的思想政治教育现状与国家的要求、用户的需求还存在较大的差距，尤其是网络思想政治教育整体水平依然较为落后，网络思想政治教育平台仍远落后于商业网络平台的建设和发展。

第一，高校网络思想政治教育平台发展的不平衡不充分。各高校对网络思想政治教育的重视程度不同，各高校对网络思想政治教育平台建设的投入力度不同，各高校的具体情况千差万别，导致了高校网络思想政治教育平台的建设、使用情况也各有不同。极少数高校凭借充足的人力、财力和物力，通过独立的开发、运营，将高校网络思想政治教育平台和高校方方面面的工作紧密结合起来，充分发挥高校网络思想政治教育平台在思想政治教育、教学、科研、管理、服务等方面的优势，真正做到了在服务中育人、在实践中育人、在娱乐中育人、在管理中育人。但更多的普通高校，限于技术力量、资金投入等方面的原因，只能进行简单的自主开发，或者是完全依靠商业应用开展网络思想政治教育，高校网络思想政治教育平台的作用和效果非常有限。

第二，高校网络思想政治教育平台建设的滞后性和大学生对优质网络思想政治教育需求的矛盾。高校网络思想政治教育平台和商业应用存在着不小的差距。从高校网络思想政治教育平台的发展历程来看，高校网络思想政治教育平台无论是在技术上、使用上、功能上，总体都处于跟随、追赶的状态。所带来的结果是，高校网络思想政治教育平台的建设和发展总是滞后于网络技术和网络应用的发展；当高校网络思想政治教育平台终于赶上曾经的网络热潮时，新的网络技术、新的网络应用又出现了，大学生们又迅速迁移到新的网络领域中。但同时，在网络信息极大爆发的情况下，面对众多碎片化信息，大学生对优质的网络思想政治教育资源的需求越来越迫切。

第三，高校对网络思想政治教育的重视程度不够，思想政治教育"两张皮"的现象依然存在。高校网络思想政治教育还不能够很好地和高校的教学、科研、管理、服务等工作有机融合起来。高校网络思想政治教育工作在实际工作中缺乏具体的工作思路和方法，缺乏具体的措施和抓手。我们应该将课堂教育等同于思想政治教育，将加强网络管理等同于高校网络思想政治教育工作，将高校网络思想政治教育平台建设等同于高校网络思想政治教育的网站建设。高校网络思想政治教育平台涉及大量的人力、财力和物力，需要持续的投入、研发和运营，而这对于全国绝大多数的普通高校而言，是很难承受的。尤其明显的是，高校网络思想政治教育缺乏有效抓手，加强思想政治教育更多停留在喊口号的层面。现实的情况是，很多高校能够提出高校网络思想政治教育平台的建设规划，实际中又难于执行，或者效果不好，这反过来又重新加剧了"两张皮"的现象。

习近平在中共中央政治局第三十六次集体学习时强调，"要强化互联网思维，利用互联网扁平化、交互式、快捷性优势"，深刻认识互联网在国家管理和社会治理中的作用。习近平在视察解放军报社时指出要"强化互联网思维和一体化发展理念"。习近平还提出，"强化互联网思维"，深入推动新传媒的融合与发展。习近平在党的十九大报告中，再次强调了我国的"网络强国"建设目标。面对新的形式、新的矛盾，高校网络思想政治教育必须坚持"因事而化、因时而进、因势而新"的基本要求，全力推动思想政治教育和新媒体、网络技术的融合。推动网络和高校思想政治教育工作的深度融合，是深入推动高校思想政治教育工作开展与建设的必经之路，是增强其有效性和针对性的必然路径。"互联网+"高校思想政治教育，就是要以高校网络思想政治教育平台为抓手，推动高校网络思想政治教育平台的建设、更新、升级，不断丰富功能，强化应用，加强和改进用户体验，适应高校网络思想政治教育新形势、新发展和新变化，满足高校大学生用户的新需求。当前，互联网行业正在发生急剧变化，新的网络技术、网络应用层出不穷。互联网行业引领了用户需求的变化；用户新的需求也在推动行业和技术的发展。以今日头条、抖音、快手、火山小视频等为代表的新一代的流行网络应用的出现，迅速积累了大量的网络用户，且网络用户分层、分级、分类的现象日益突出。不同的网络应用成为不同类型的网络用户的聚集地。而传统的网络流行应用也在悄然改变，如QQ开始主推面向办公用户的 TIM 软件，淘宝购物平台开始向老年人和低收入人群发力。在新的网络条件下，网络思想政治教育的变化将更加复杂。

坚持以习近平新时代中国特色社会主义思想为指导，认真贯彻落实习近平总书记系列重要讲话和指示精神，特别是习近平总书记提出的对加强思想政治教育的要求，对加快建设网络强国的要求，对互联网思维的系列论述，对宣传、融媒体建设等相关工作的要求；坚持理论研究与实践应用齐头并进，把高校网络思想政治教育平台研究好、应用好。

4.1.2 将互联网思维融入高校网络思想政治教育平台建设

百度公司创始人、董事长兼首席执行官李彦宏曾在百度 2011 年联盟峰会上发表了题为"互联网创业需抓住三个机会"的演讲，提到中国的企业家缺乏互联网思维，企业的产品和互联网的结合程度非常差。联想控股董事长柳传志认为，"互联网思维与传统产业的对接，会改变传统的商业模式。从结果看，互联网思维大致会产生这么几个效应：长尾效应、免费效应、迭代效应和社交效应"。360 公司董事长周鸿祎则将互联网思维定义为一种全新的价值观，"用户至上，体验为王，免费的商业模式，颠覆式创新"。互联网思维是和过去完全不同的、颠覆性的、革命性的思考方式，以互联网思维为指引，诞生了一大批具有强大竞争力的互联网企业和深受用户喜爱的互联网明星产品。每一个时代的理论思维，都是一种历史的产物，不同的时代会产生不同的思维。互联网的时代，自然会产生互联网思维。互联网思维受到广泛关注，并能够给人留下深刻的印象，是基于先进的网络技术，以及随之而来的优秀的产品体验和用户体验。互联网思维正在成为网络时代的主流思维方式，必将引领高校思想政治教育的新变革。

互联网产品思维，就是从用户的角度思考产品开发的全过程。从互联网产品开发周期的角度看，过去的网络思想政治教育产品普遍存在的问题是：对产品用户的需求不明确，以产品开发者的需求替换了产品用户的需求；对产品建设周期认识不到位，普遍存在重建设开发，轻运营维护的情况。高校网络思想政治教育平台是网络思想政治教育的产品，也是互联网的产品，管理人员要重视高校网络思想政治教育平台在产品需求分析、产品设计开发、产品运营管理等每一个阶段，形成高校网络思想政治教育平台开发、优化、升级的完整产品制造模式。生产力决定生产关系，生产力的突飞猛进，必然会带来生产关系的革命性变化。技术思维，就是充分依托和应用大数据、云计算、区块链、虚拟现实、人工智能等先进的互联网技术，形成高校网络思想政治教育平台独特的功能和优势。网络的发展，直接催生了网络思想政治教育；网络技术的发展，推动高校网络思想政治教育平台不断更新和升级，也不断赋予高校网络思想政治教育平台新的内容和功能。高校网络思想政治教育平台对先进网络技术的应用程度与高校网络思想政治教育平台最终作用的发挥紧密联系。"用户至上"是互联网思维的精髓。互联网的竞争，实质就是对用户的争夺；用户就是关注，关注就会转变为流量。互联网的丛林法则就是流量为王。在互联网的每个细分领域中，极少数拥有大量用户的网络应用会排挤掉剩下的同类型产品。易班的用户思维，就是始终保持对用户的关注，满足用户的需求。易班通过对用户需求的不断满足，形成用户对易班的使用黏性，逐渐引导用户新需求，最终实现对用户的培养教育功能。

从互联网产品开发的角度，高校网络思想政治教育平台建设分为前期用户需求分析阶段、中期产品设计开发阶段、后期日常运营管理阶段。在高校网络思想政治教育平台的实际使用过程中，用户新的产品需求或者网络技术的发展进步，将触发高校网络思想政治教育平台新一轮的建设周期：用户新的需求分析、产品设计开发（升级更新）、新产品的日常运营管理。

需求是互联网产品开发设计最基础的前提条件，不了解用户需求就不可能开发出好的产品，更不可能赢得用户。从思想政治教育的角度分析，用户对高校网络思想政治教育平台的需求，是个体需求和社会需求的结合。个体需求可以理解为三个方面：个体生存，即让人得到更好的生存状态；个体发展，即塑造人的品德、促进人的全面发展；个体享用，即人通过对需要和愿望的实现，所获得的精神上的享受。社会需求则包括了社会的政治需求、社会的经济需求、社会的文化需求三个方面。个体需求和社会需求和谐共生、互为依托、相辅相成。网络思想政治教育是易班建设最根本的出发点和落脚点，网络思想政治教育的根本任务就是"不断提高学生思想水平、政治觉悟、道德品质、文化素养，让学生成为德才兼备、全面发展的人才"，体现了个人需求和社会需求的辩证统一。

高校网络思想政治教育平台对用户需求的关注和满足，直接影响用户对其的使用。对用户需求的关注越是具体而实际，用户使用高校网络思想政治教育平台的时间越长、频率越高。高校网络思想政治教育平台能够很好地解决用户高频率的应用，比如食堂打饭、浴室洗澡、上课打卡、图书馆借书、作业提交等，就能够显著地提升用户在高校网络思想政治教育平台的活跃度，形成较高的用户黏性。若高校网络思想政治教育平台对用户需求的关注过于注重长期的、精神层面的需求，比如人的发展和培养等内容，就很难在实践操作层面形成和用户的密切联系。大学生的需求是物质需求和精神需求的结合，是短期需求和长期需求的结合，个人需求和社会需求的结合。大学生在不同时期、不同阶段，需求也有所不同。高校网络思想政治教育平台只有妥善处理好这些需求的关系，才能够真正意义上形成有效的用户产品需求分析。高校网络思想政治教育平台产品设计，不仅要充分体现网络应用的通用性特点，又要体现高校网络思想政治教育平台独特的功能和特色。目前，网络应用在栏目设置、操作模式、色彩色调等方面基本形成了相对统一、规范的产品设计方案，培养了良好的用户习惯。高校网络思想政治教育平台只要按照通用方案进行设计开发，任何网络应用都能让用户尽快熟练上手。

高校网络思想政治教育平台要形成完善的产品矩阵。在当前的网络环境下，除了极少数的占有垄断资源和地位的网络应用以外，几乎所有的网络产品都会以网络产品矩阵的形式出现。通过打造完善的网络产品矩阵、丰富高校网络思想政治教育平台的产品线，不同产品才能相互配合又互为补充，形成良好的协作关系。在产品矩阵中，高校网络思想政治教育平台要把目前流行的网络应用也纳入开发，积极抢占 QQ、微信、微博、今日头条、抖音、快手等流行应用平台，依托这些商业平台开发相应的资源和内容，形成对高校网络思想政治教育平台产品线的良好补充。当前，大部分的网络应用都会提供微博官方账号、微信公众号以及微信小程序，部分的网络应用还会设置今日头条号。产品的矩阵设计，既是一种整体产品功能的提升和完善，同时也是一种流量导入的机制，能够吸引更多的用户。

产品开发应围绕用户的核心需求。高校网络思想政治教育平台用户的核心需求，归根到底还是用户对自我成长、自我完善的需求。产品的所有功能和设计都应该服从和服务于这一核心需求。同时，高校网络思想政治教育平台对教育的关注，既具有得天独厚的优势，又是高校网络思想政治教育平台产品的核心竞争力所在。因此，在产品开发中，要把教育的资源和内容，融入产品开发中；要把教育的理念、教育的方法、教育的规律，也融入产品的开发中；要把和教育相关的、能够为教育功能的发挥起到积极作用的其他内容和资源，也融入高校网络思想政治教育平台开发建设中。

产品运营是产品生命周期最长的阶段，也是产品作用发挥的重要阶段。产品运营是对产品开发建设的检验，能检验产品是否达到了预期的设计要求、是否能够满足用户的实际需求。产品运营阶段是产品功能、作用发挥的阶段，通过向用户提供服务，满足用户需求，在和用户的密切互动中，实现育人的功能。产品运营阶段，也是新的产品开发流程的开始阶段，在产品运用中，一方面通过用户的反馈和实践的反馈，不断对产品设计、功能提出新的要求；另一方面，也对用户需求重新进行了分析和定位。在较短的时间内，相关企业通过产品管理、产品优化等模式，进行小幅度的产品改进；在较长的时间内，相关企业则会通过产品升级的模式，对产品进行一次较为彻底的改进。

高校网络思想政治教育平台运营是一个系统性的工作。在运营过程中，平台要注意硬件和软件的适配度，防止出现硬件资源和软件系统不匹配的情况，降低其运行效率；要注意平台和人员的适配度，即平台的功能设计要能够很好地满足用户的需求和习惯，能够很好地满足平台管理者的需求和习惯，也要能够为平台后期的维护、升级预留空间；要注意平台和其他应用的适配度，高校网络思想政治教育平台必须要充分地吸收和借鉴其他的网络资源和网络应用，因此平台在运营时和其他网络应用的适配度也非常重要。最后，高校网络思想政治教育平台在运营时，还要特别关注信息安全的问题，既要加强平台中的信息安全管理，又要防止平台在系统或者管理方面，出现信息安全类问题。

4.2 高校网络思想政治教育平台建设目标

4.2.1 平台建设与高校教学科研工作相结合

高校网络思想政治教育平台以育人为根本目标，需要和高校教学科研工作紧密结合。作为大学生有效开展思想政治教育的重要阵地，高校网络思想政治教育平台要和思想政治教育理论课程教学、校园其他形式和渠道的大学生思想政治教育工作形成合力，共同推动思想政治教育取得实效。高校网络思想政治教育平台要善于创新开展网络思想政治教育的方式方法，既有相对集中、规范、目标明确的教育教学环节，又有零散、自由的感受式、体验式的教育。通过网络思想政治教育平台要善于根据当前的新形势、大学生的新特点新思想、网络技术的新发展和思想政治教育的新要求，开展特色鲜明、实践性强的网络思想政治教育研究，充分将平台特色与独特优势发挥出来。

教学科研工作是高校最重要、最核心的工作，在高校中涉及的面最广泛、发生的频率最高；与网络思想政治教育平台的充分结合，有利于把思想政治教育融入培养大学生的每一个过程和环节，特别是融入高校教学科研的全过程中去。目前，网络思想政治教育平台已经完全可以实现教育、教学无纸化、网络化。学生完全可以通过网络思想政治教育平台进行课程教学、课程考核以及师生沟通交流。通过网络思想政治教育平台，学生还可以接触到更多门类的课程和知识。功能强大的网络思想政治教育平台，在扩展大学生教育教学广度和深度的同时，也通过大学生对平台的访问、使用以及互动，增强了平台的育人效果。网络思想政治教育平台在高校教学科研中的频繁使用，不仅提升了网络思想政治教育平台的重要性，强化了网络思想政治教育的作用发挥，也有助于在实际的教学科研工作中不断改进和完善高校网络思想政治教育平台的建设和运营工作。

4.2.2 平台建设与师生生活娱乐需求相结合

网络思想政治教育平台与大学生生活娱乐相结合，能够使其功能得到更好的发掘，使用户在高校思想政治教育平台中得到更好的体验。人们对网络思想政治教育的直观感受就是简单的说教、重复的灌输，就是被教育、被引导，这很容易引发大学生的逆反心理。网络思想政治教育平台通过提供更多大学生迫切需要的生活娱乐服务，在很大程度上能够改变了思想政治教育平台冷冰冰的面孔；在淡化教育功能的同时，强调和突出服务功能、娱乐功能。教育需求和生活娱乐的需求一样，都是大学生需要和不可或缺的。将满足大学生生活娱乐放在前面，把教育引导放在后面，从教师的定位调整为朋友的定位，高校网络思想政治教育平台就更容易被大学生熟悉、接受。与大学生生活娱乐相结合的过程，实质也是网络思想政治教育作用发挥的过程，也是高校网络思想政治教育平台不断发现问题、不断改进完善的过程。

网络思想政治教育平台与大学生生活娱乐相结合，能够显著地增强网络思想政治教育的效果。网络思想政治教育平台通过不断满足大学生的生活娱乐需求，使与其大学生的黏合性得到了加深，使大学生的用户满意度也得到了相应的提升，使平台和大学生之间的互动更加频繁而密切。一方面，网络思想政治教育的内容就有更加充裕的时间和条件被传递到大学生中去，形成碎片化的教育效果；另一方面，大学生和网络思想政治教育平台的互动也为进一步优化网络思想政治教育的内容和方法提供了良好的借鉴和素材。"寓教于乐"是思想政治教育的重要思想和原则，网络思想政治教育平台就是要把有意义的事情变得有趣，把有趣的事情变得有意义。我们要坚持娱乐和教育相结合的原则，坚持正面引导和侧面影响相结合原则，充分发挥网络技术的特点和优势，通过网络思想政治教育平台的建设，把生活娱乐的事情变成思想政治教育的环节，把思想政治教育的内容融入生活娱乐的服务中。

4.2.3 平台建设与深化高校内部治理相结合

从宏观层面来看，高校的管理工作实际上也是高校思想政治教育工作的重要组成部分。思想政治教育工作不仅是教育育人、课堂育人，也是管理育人、服务育人。高校管理工作的水平，实际上也影响着思想政治教育的效果。当学生和老师都和网络思想政治教育平台的关系变得愈发密切时，网络思想政治教育平台与学校管理工作相结合则是水到渠成。相关管理人员通过对网络思想政治教育平台的数据分析，可以深入了解高校师生在教学科研、生活服务等方方面面的信息。这些信息能为高校管理工作提供重要参考和决策依据，从而使相关管理人员在充分了解师生基本情况的基础上确定相关的制度和流程，使决策程序更加科学、决策过程更加透明、决策结论更加合理，也更容易起到好的作用。同时，依托网络思想政治教育平台，可以很容易地实现校务公开、管理公开、制度公开，有助于提升高校的内部治理水平。

特别是在教育信息化的大背景下，网络思想政治教育平台的相关功能有助于提高高校信息化管理水平。依托网络思想政治教育平台，构筑好高校的信息化管理平台，精简管理流程、提高管理水平和办事效率，提供网络思想政治教育平台的网上服务和一站式服务，为高校师生提供快捷、高质量的管理服务，有助于树立高校良好的办学形象，也从侧面推动了网络思想政治教育平台作用的发挥。部分高校已经实现了易班、学校 OA 办公系统、学生信息门户网站的整合，将学生事务服务和高校的内部管理进行有机结合，既避免了校内信息化资源的重复建设和浪费，又极大地推动了易班和校园信息化的发展。

4.2.4 平台建设与国家和社会发展需要相结合

归根到底，高校网络思想政治教育平台建设要与国家和社会发展需要相结合，为我国社会主义事业建设的发展培育具有综合素质的全面性型人才。习近平总书记指出，高等教育的根本问题是培养什么人、如何培养、为谁培养。从这一问题出发，高校网络思想政治教育平台要发挥积极作用。

最根本、最核心的要求，就是高校网络思想政治教育平台要坚持为人民服务，为我国特色社会主义事业服务、为改革开放服务、为中国共产党服务。强调网络思想政治教育平台的服务属性、娱乐属性，绝不是要淡化高校网络思想政治教育平台的教育属性，更不能打着开放、包容的旗号，丢失了网络思想政治教育平台的政治属性。高校网络思想政治教育平台要旗帜鲜明地坚持以马克思主义为指导，全面贯彻和落实党的教育方针，以思想政治教育为指引，为大学生的成长成才奠定坚实基础。高校网络思想政治教育平台的建设，要坚持因事而化、因时而进、因势而新。网络思想政治教育平台建设既要立足当下，又要着眼未来；既要能够解决具体的、微观的问题，又要加强宏观的规划和布局；既要及时追踪和准确把握网络技术的发展潮流和方向，又要熟练使用当前成熟的技术和手段；既要开发和培训自身的优势技术和优势应用，又要特别注意对互联网上流行技术和应用的借鉴和使用；既要总结过去的经验，更要以开拓的眼光和开放的思维迎接互联网的新变化和新挑战；既要充分发挥好网络思想政治教育平台自身的作用，又要切实将平台作为纽带，对所有价值深厚的思想政治教育资源进行充分的利用。

高校网络思想政治教育平台的初衷就是育人，为高校育人提供适宜的环境，提供配套育人的资源。网络思想政治教育平台首先是解决人的思想的问题，同时思想最终要转化为行动。网络思想政治教育平台的作用和效果，最终要落实到对人的评价上。通过网络思想政治教育平台的服务、培养、教育，我们需要检验大学生的政治思想素质是否得到了提高，大学生的综合能力和素质是否也同步得到了提高，大学生的个人发展和国家、社会的发展是否做到了同向而行。

4.3　高校网络思想政治教育平台建设模式

4.3.1　政府主导的多方合作模式

高校网络思想政治教育平台，是高校为大学生传授思想政治教育的平台，是为大学生提供教育教学服务的平台，是大学生享受生活娱乐服务的平台，是完善高校内部治理结构、深化高等教育改革的平台。网络思想政治教育平台的建设和发展，契合我国"互联网+"战略的实施，必将对教育资源的流动和共享，教育质量的提升起到积极的推动作用。网络思想政治教育平台建设发展周期长，专业技术水平要求高，需要打通多个信息孤岛，连接多个线上线下资源，因此我们必须成立专门的管理机构，来强力推动平台建设。目前，易班是最重要的也是为数不多的由政府主导建设的高校网络思想政治教育平台。

2014年，教育部办公厅与国家互联网信息办公室秘书局联合公布了《"易班"推广行动计划和中国大学生在线引领工程实施方案》，从国家层面部署实施"易班"推广行动计划和中国大学生在线引领工程。在国家层面，教育部和国家互联网信息办公室多次组织召开全国性的"易班"建设和推广经验交流会，采取"三步走"的办法，逐年落实易班建设推广的目标任务。教育部等作为"易班"网络思想政治教育平台建设和推广的最高管理机构，其主要职责和任务就是定目标、定方向、定任务，明确易班平台的建设思路、建设方向、建设保障，加强国家层面的指导和协调，落实相关的政策和机制。比如，国家提出"统筹协调'易班'、中国大学生在线纳入国家网络安全与信息化整体部署，作为教育信息化建设重点工作"；"支持'易班'、中国大学生在线建成全国性网络文化示范中心，为'易班'、中国大学生在线申请取得新闻、视频传播等资质提供政策支持"；"推广计划、引领工程实施经费纳入国家网络安全和信息化建设、教育信息化建设有关专项经费保障，主要用于'易班'中心经验集成、人员培训、服务推广，沪外高校'易班'运行维护、技术改造、应用研发、队伍建设等工作"。

各省均设立了省级的易班建设发展中心，负责指导全省高校的易班建设推广工作，承担一定的开发、维护责任。在省级层面，省级易班建设发展中心是网络思想政治教育平台建设发展的中坚力量，起着承上启下的枢纽作用，其既要指导、支持下级单位的使用、维护和本地化工作，又要及时反馈、调整建设推广方案，把上级的要求逐一落实到位。省级易班建设发展中心同样要协调省级层面的保障条件和资源，制订省内高校的易班建设推广的计划，对省内高校进行人员、技术等方面的帮助和指导。特别对于高校较多的省份，省级易班建设发展中心也会采取分期分批推进的方式，保证把易班推广好、把易班使用好。通过省级的统一管理，省内各高校的网络思想政治教育平台建设推广工作在人员、经费、技术等方面都有了保障，更容易形成区域合力，打造网络思想政治教育平台的区域特色。省内的统一管理、统一行动，更容易形成示范效应和规模效应，激发各省高校的建设推广热情。

各个高校在学校层面成立专门的建设领导小组，专门负责易班网络思想政治教育平台在校内的推广建设工作，其主要职责就是制定目标、协调各方、保证推进、加强考核。下属的各学院、部门，则按照各自的职责分工开展工作：开展形式多样、内容丰富的推广宣传活动；结合高校和学生的实际需求，开发系列的本地化服务项目；挖掘易班潜力，打造易班大学生一站式服务社区；利用易班资源，广泛开展线上线下、校内校外的交流活动。各高校既是易班网络思想政治教育平台的实际管理者，也是易班的实际建设者和推动者。易班的作用要在日常的使用中体现；各高校应该高度重视，加强统一领导，积极打通校内校外的各种信息堵点，不断丰富易班的功能，强化易班的作用，提升易班的用户使用体验，真正把易班作为集大学生的思想政治教育、教育教学、生活服务、娱乐传媒等服务为一体的平台，为高校提供一站式网络管理平台。

4.3.2　独立的互联网化运作模式

高校网络思想政治教育平台的最大优势，就是可以应用先进的网络技术。网络技术的优势越突出，网络思想政治教育平台产生的作用就越明显，其育人功能的效果就发挥得越充分。掌握和运用先进的网络技术，需要一大批优秀的网络人才作为支撑。习近平同志特别强调，建设网络强国就要"建设一支政治强、业务精、作风好的强大队伍"。

总结过去开展网络思想政治教育的经验和教训，技术手段落后是制约其发展的重要因素之一。第一种情况是生拉硬拽、七拼八凑，组装出一个网络思想政治教育平台；但其技术水平落后，内容形式单一，用户、管理员都感觉不好用、不想用，很快就被淘汰；第二种情况是重建设、轻管理，投入大量的人力、物力、财力的；在运行初期一切良好，但技术、内容都不能及时推陈出新，管理、运营消极，最终还是草草收场；第三种情况是"借船出海"，以流行的网络软件或网络应用作为网络思想政治教育平台，比如曾经非常流行的人人网、开心网和现在依然是研究热点的QQ、微博、微信等。"借船出海"的好处是节省了开发、维护、管理等方面的大量的人力、物力和财力，但其缺点也很明显，因为不掌握核心资源和技术，网络思想政治教育平台从技术、内容、管理，甚至导向、价值观上都是不可控的。因此网络思想政治教育平台必须要保持技术上的先进性，组织优秀、专业的技术团队。

首先，网络思想政治教育平台技术团队要"讲政治"。网络思想政治教育平台是进行人的思想教育工作，本身就带有明显的政治属性。因此，要把"讲政治"的要求体现在网络思想政治教育平台开发、建设、维护、管理、运营的全过程，技术团队要做到忠于党的教育方针和政策，认真贯彻党的教育路线，把党的主张贯穿于网络思想政治教育平台全过程，贯穿于技术团队工作的始终。从网络思想政治教育平台构架来看，技术团队要对其的重要作用与敏感性质进行充分的认识，广泛、充分地开展平台软硬件评估，选择成熟稳定、安全性高、扩展性好的构架方案；从网络思想政治教育平台的最底层开始，就提前防控可能产生的系统漏洞、信息安全风险以及外部入侵。在网络思想政治教育平台开发过程中，技术团队要严格遵循相关的技术标准和技术规范，做到平台开发安全、可靠、可控，特别是要提前规划系统安全、信息安全和权限管理等内部控制系统，确保所有的操作都是可撤销、可追踪、可监控的。技术团队实行严格的用户身份管理制度，提升平台信息的安全性；还要经常性地开展对技术团队的培训和教育，网络思想政治教育平台的技术团队既要能够解决技术问题，还要能够解决思想政治教育的问题，技术专家也应该是教育家、政治家。同时，保证网络思想政治教育平台的政治性，也要先从技术手段入手。技术团队应对有关高新技术以及相应的网络设备进行有效的设置，对网络思想政治教育平中的不健康信息我们提前发现；通过一定的技术手段，对网络思想政治教育平台中的不良信息进行集中处置，及时发布完整、真实信息。先进的网络技术是把双刃剑，我们在充分体验网络技术带来的好处时，也要提前预防其可能造成的不良后果。参与网络思想政治教育平台开发、建设、维护、管理、运营的人员以及平台自身，均要坚持正确的政治导向。只有既懂网络技术，又懂思想政治教育的团队，才能真正开发出有效、好用的网络思想政治教育平台。

其次，网络思想政治教育平台技术团队要"业务精"。"讲政治"是解决态度问题，"业务精"是解决能力问题。网络思想政治教育平台技术团队既要保证网络思想政治教育平台能用，还要保证网络思想政治教育平台好用、用好。懂网络，是"业务精"的第一个要求。随着网络社会的到来，人们各种各样的需求推动了各式各样的网络应用和网络软件的出现，也从侧面推动了网络技术日新月异的变化。大数据、云计算、人工智能、虚拟现实、区块链等技术，从提出到投入使用的时间越来越短；各种购物、直播、问答、分享类网络软件与应用层出不穷，令人目不暇接。从事网络思想政治教育平台研发与建设的技术团队，既要能够保证平台技术的安全、稳定、可靠、先进，满足平台基本运行的需要，同时又要时刻追踪业界的新动向和新发展，及时对平台基础构架进行补充、更新或者升级。网络思想政治教育平台应该采取更加开放、开源的技术，在确保平台自身不断升级完善的同时，也能够尽快和流行的应用新软件实现互联互通，不断扩充平台功能。技术团队要善于将流行软件和应用，安全稳定地链接到网络思想政治教育平台。懂应用，是"业务精"的第二个要求。网络思想政治教育平台的应用领域较为广泛，但是主要还是应用于高校，在高校的应用中，大学生为主要的用户群体，发挥的最主要的功能就是对大学生进行思想政治教育。互联网思维的根本体现，就是用户至上。当前流行的网络应用和网络软件，对目标领域、目标用户、目标应用都非常明确，在完全符合实际应用的同时，通过网络化的方式进行信息化改造，极大地提升业务效率和用户满意度，从而能够紧紧抓住用户。网络思想政治教育平台要始终围绕高校、大学生、思想政治教育进行设计和开发，把高校的管理、教学、科研、服务等业务都信息化，使大学生能够对网络思想政治教育平台进行充分的应用，并通过这一渠道满足自身的需求，将有关思想政治教育的资源以更网络化的方式进行呈现。技术团队只有真正懂应用，才能构建出高校、大学生常用的、独特的、具体的应用场景，真正让网络技术发挥出应有的作用，从而形成网络思想政治教育平台的独特优势。懂应用，还要懂相应的技术，才能够实现网络思想政治教育平台的应用与技术的均衡，并在二者之中找到最佳的结合点。懂教育，是"业务精"的第三个要求。网络思想政治教育平台的基本落脚点就是为教育服务，为思想政治教育服务。思想政治教育有其特殊性，不同地区、不同高校甚至不同专业、不同年龄的大学生，针对他们实施的教育的内容和方法都可能千差万别。先进的网络思维和网络技术，当然能够更好地开展思想政治教育。同时，思想政治教育有着一定的特异性，其自身具有一定的原理和方法，并且在其内部存在着相应的客观规律。网络思想政治教育平台就是要根据基本的教育原理和教育方法，充分发挥网络的特殊优势，把每一名大学生都作为"因材施教"的个体。

最后，网络思想政治教育平台技术团队要"作风好"。网络思想政治教育平台的建设不同于业界的流行应用和软件的开发，在工资待遇等方面肯定比不上商业企业，而其承担的责任更重，建设的要求更高。同时，网络思想政治教育平台本地化的开发要求也千差万别，不同地区和不同的高校都有不同的诉求，对团队提出了很高的要求。因此，技术团队既要善于倾听客户的需求，还要善于把客户需求落实为具体的功能和应用服务，甚至还要因为客户的满意度而进行反复的修改和测试。高校网络思想政治教育平台经常会碰到高频率的应用场景，软件、硬件，包括线上线下可能出现问题的概率很高，都需要技术团队及时处理。另外，网络思想政治教育平台建设推广的各高校的网络基础建设情况也各有不同，包括基本的用于支撑网络平台运行的硬件设施、相关人员技术能力的水平、通过信息化技术进行教育的认同感等都各有不同，学生对网络思想政治教育平台的接受程度也有不同，技术团队还要认真做好客服服务工作，拿出攻坚克难的精神，一个问题一个问题地解决，一个堡垒一个堡垒地攻破，以打持久战的精神，把网络思想政治教育平台建设好、运用好。

教育部依托上海的条件成立了教育部易班发展中心，以企业化运作的模式进行易班的建设和推广。易班发展中心每年都会面向全国进行相关的人才招聘。经过几年的发展，易班发展中心已经具备了相对年轻、稳定，技术实力强大，开发经验丰富的易班建设管理团队。同时，易班发展中心同时又接受教育部的领导和指导，以保证易班团队和易班建设发展的方向。

4.3.3 以高校为主的校本化模式

大学生普遍对网络应用比较熟悉，具备一定的理论知识储备和动手实践能力。在高校这个特殊的环境中，大学生既可以作为网络思想政治教育平台的用户，又可以作为网络思想政治教育平台的建设者、管理者和维护者。培养大学生骨干参与网络思想政治教育平台的日常管理工作，能够达到四个方面的效果。一是学校通过大学生骨干直接参与网络思想政治教育平台管理，能够第一时间对大学生反馈的信息进行直观的了解。大学生参与平台的管理需要具备一定的前提条件，大学生骨干参与网络思想政治教育平台管理的前提是其要非常清楚和了解网络思想政治教育平台、大学生的需求。大学生骨干直接参与管理工作能够让我们及时从他们的反馈中，直接发现网络思想政治教育平台在开发、建设、维护、管理等方面存在的问题，有利于学校及时地调整网络思想政治教育平台的维护管理策略，并在一定程度上推动网络思想政治教育平台的开发和建设工作。二是大学生骨干直接参与网络思想政治教育平台管理，更有利于加强具有高校特色的网络思想政治教育平台的建设和推广。大学生的参与，能够将用户的想法更多地引入平台建设、推广中。这样在很大程度上更符合用户的口味，降低推广的难度，提升用户的满意度。三是大学生骨干直接参与网络思想政治教育平台管理，搭建起了用户和专业技术团队之间的桥梁。每个大学生的想法都是不一样的，每个大学生管理团队的想法也各不相同，网络思想政治教育平台在每所高校最终所呈现的样貌也会千差万别。根据各高校的特点和特色，建设不一样的网络思想政治教育平台，更有利于网络思想政治教育平台走进大学生用户，拉近二者之间的距离。同时，大学生骨干能够以大家喜闻乐见的形式和方法，努力地推动网络思想政治教育平台在高校的建设和推广，主动地为网络思想政治教育平台的建设和推广献计献策。大学生骨干以大学生们喜爱的形式推广网络思想政治教育平台，更能够得到大学生们的喜爱和认可。四是大学生骨干的充分参与使得平台的育人功能得到了更加直接而客观的体现。大学生骨干管理团队的内部分工、合作，实际上是网络思想政治教育平台为大学生们提供了非常好的实践锻炼的机会。大学生骨干们既可以在网络思想政治教育平台上进行网络的互动，也能够在线下进行实际的动手锻炼。特别地，在规模较大的学校，大学生管理团队人数更多，能够覆盖学校—学院—班级的三级管理模式，大学生骨干在团队管理、网络技术培训、沟通交流、营销策划、设计宣传、活动策划、推广营销等方面，都能够得到全方位的锻炼。这些是网络思想政治教育平台实实在在体现出来的育人成效。

所有加入易班的高校，都会成立由易班资深用户和技术骨干组成的易班工作站，全面负责易班的推广和客户服务工作。易班工作站既是易班建设推广的载体，又是大学生参与动手实践的平台。易班工作站通常会负责易班客户服务、易班意见反馈、易班线上线下的文化和活动推广、易班专题的组织策划、易班本地化开发等。

4.3.4　面向用户的共建共享模式

从网络诞生开始，交流、共享就被视为互联网的核心要义。随着网络社会的不断发展，网络平台化的思路越来越得到认可和普及。网络互动平台让用户在平台中进行相互的交流和共享，从而满足彼此的需求，而不是由平台直接来满足用户的需求。比如淘宝中绝大部分的商品都是由众多淘宝商家提供的，和淘宝并无直接关系。淘宝只负责交易平台搭建，通过搭建交易平台及与交易相关联的上下游服务，来不断简化交易流程、提升交易质量、更好地满足卖家和买家的需求。众多买家和卖家因为淘宝提供了优秀的服务和强大的电子商务平台，不断朝着淘宝聚集，也推动了淘宝的发展。再比如知乎，作为国内最知名的知识共享网站，其本身并不提出或者回答问题，也不产生知识分享。知乎只负责搭建用户体验良好的知识共享平台，让用户愿意到知乎平台上来提出问题，也有用户愿意到知乎平台上来认真地回答问题。同时，知乎根据用户的实际表现，给予相应的网络互动反馈。微博、微信、QQ、滴滴等流行商业应用，都是倾力构建功能强大的网络平台，由用户来提供平台中的共享资源。网络的共享，实质还是人与人之间的共享，网络平台中看得见的是技术，看不见的是人。因此，网络思想政治教育平台也必须要广大用户的积极参与，不断丰富平台内容，不断完善平台资源，使平台的活跃度得到充分的激发，促进平台建设的有效开展。

网络思想政治教育平台的用户群体，大致可以分为以下四个部分：大学生，高校教职工，高校和相关的政府机构，学生家长、大学校友以及以高校、大学生为目标群体的其他用户群体。用户群体的差异将会导致各种资源的差异性，从而为平台带来种类繁多的资源。对于高校网络思想政治教育平台，其核心用户是大学生群体。大学生用户的资源和他们的学习、生活、娱乐、情感等方面相关。大学生用户的资源内容丰富、种类繁多，彼此之间互补性很强。同时，大学生用户对关系他们学习、生活、娱乐等方面的资源具有强烈的需求，这对网络思想政治教育平台的进一步优化提供了强大的推动力。高校教职工是网络思想政治教育平台第二大用户群体。有学生的地方就有教育，有教育的地方就有教师。高校的教职工是大学生教学、管理、生活、服务的直接关系者，他们能够通过网络思想政治教育平台提供大学生教学、管理、生活、服务等方面直接相关的资源，也能够通过网络思想政治教育平台不断改进和改善提供相关资源的内容和方式。同时，高校教职工也可以从网络思想政治教育平台中获取大学生们的反馈和意见，提升服务质量。比如高校教职工可以通过网络思想政治教育平台提供选课、查课等服务，也可以通过网络思想政治教育平台实现在线学习、考试，甚至可以通过网络思想政治教育平台提供校内、校外的优质教学课程，并实现学分认定。在充分运用网络思想政治教育的前提下，大学生对于教学管理方面的意见和建议也会快速得到处理。网络思想政治教育平台的使用群体还包括高校和相关的政府部门。通过网络思想政治教育平台，高校和相关的政府部门可以及时了解和掌握学生的基本动态，更好地开展教育和引导工作；可以及时把握学生的教育需求和教育难点、热点，有针对性地开展教育教学改革；通过对网络思想政治教育平台的全面部署和使用，极大提升教育信息化水平，深化高校内部治理的改革；通过政府相关部门，把网络思想政治教育平台和教育、人才、就业、文化等方面的资源进行无缝对接，更好地促进网络思想政治教育平台全面育人作用的发挥；同时，网络思想政治教育平台也可以作为高校和政府的权威发布渠道、统计渠道。网络思想政治教育平台的潜在用户，还包括众多的学生家长、大学校友以及以高校、大学生作为潜在目标客户的其他用户群体。大学生关心的内容，同时也是学生家长们关心的内容。通过网络思想政治教育平台，家长们能够了解高校、学生，甚至学生所在学院、专业、年级，学生的辅导员、学生的社团、学生的课余生活等信息。这样，在促进教育信息公开的同时，也有助于学校—家庭间的交流与互动。如今高校校友工作的有效开展愈发重要，而网络思想政治教育平台是开展校友工作的绝佳选择。大学生毕业以后，在校期间的所有信息，均保留在网络思想政治教育平台中。大学生的班级关系、社团关系等也保持不变，对毕业校友形成了很强的吸引力，同时也增加了毕业校友的凝聚力，网络思想政治教育平台能够成为毕业校友和高校之间重要的桥梁和纽带。网络思想政治教育平台为提供其他服务的供应商提供了一个适宜的平台去进行营销。他们不仅对平台的服务功能进行了相应的完善，还为大学生提供更多更好的网络资源和服务。这促进了服务供应商之间的良性合作和竞争，降低了政府监管的成本。

总之，面向用户的共建共享模式的作用体现在以下三点。一是网络思想政治教育平台的维护范围得到了很大的扩充，将发生差错的概率降到最低，并将服务质量和服务水平得以最大化的提升；二是将网络思想政治教育平台和所有的用户更加紧密地联系在一起，用户之间的互动更加充分，效果更加明显；三是为网络思想政治教育平台的功能扩充提供了更广阔的空间，网络思想政治教育平台将能够走出校园，在更多的领域发挥积极的作用。

4.4 高校网络思想政治教育平台运营

4.4.1 以法规政策为根本的运行保证

习近平提出"要抓紧制定立法规划，完善互联网信息内容管理、关键信息基础设施保护等法律法规，依法治理网络空间，维护公民合法权益"。党的十八届四中全会提出了全面推进依法治国的总目标和重大任务。充分、有效地实现对高校网络思想政治教育平台的管控，首先要做到依法。我国互联网立法工作虽然起步较晚，但总体立法进程紧跟互联网发展的步伐，已经出台了一批网络治理相关的法律法规，包括《中华人民共和国网络安全法》《中华人民共和国电子签名法》《全国人民代表大会常务委员会关于加强网络信息保护的决定》《全国人民代表大会常务委员会关于维护互联网安全的决定》《互联网信息服务管理办法》《教育网站和网校暂行管理办法》《互联网出版管理暂行规定》《非经营性互联网信息服务备案管理办法》《互联网著作权行政保护办法》《信息网络传播权保护条例》《计算机软件保护条例》《中华人民共和国电信条例》《计算机信息网络国际联网安全保护管理办法》等，法律内容包括了网络治理、信息安全、信息传播、网络基础管理等多个方面。特别是自 2011 年国家互联网信息办公室成立以来，涉及网络安全、网络治理等方面的法律法规、规章制度的数量明显增加，治理范围更广、要求更明确、程序更规范，更加符合当前网络发展的趋势和节奏。同时，网络治理的执行力度也明显增强，响应速度明显提高。特别是对支付宝、微博、微信、今日头条、百度等一批影响力巨大的网络应用及网络公司的违规行为分别进行了约谈、限期整改和行政处罚，彰显了国家治理互联网的决心。

和发达国家相比，我国在网络治理的法律法规和政策引导等方面，还存在较大的差距。第一，尚未形成较为完善的网络治理法律法规体系。当前，网络和社会已经完全融合在一起，人们生产生活的各个方面都和网络有着千丝万缕的联系。我们在网络安全、网络信息安全、网络信息传播、网络管理、网络应用服务、网络从业人员、网络服务供应商等方面的法律法规都还很缺乏，特别是在网络和社会生活联系的部分，更是有明显的差距。非常典型的案例是，当网约车遍布全国的时候，我国都还没有一部全国性的法律法规对网约车进行规范和管理。全国都在大力发展网络教育，期望通过推动网络教育实现教育公平，但我国依然缺乏相关的法律法规对网络教育的机构、人员、管理等内容进行规范。我国的网络发展速度很快，社会网络化速度更是日新月异，我们需要加强网络立法工作，保证网络社会依法、有序、健康发展。第二，网络空间执法力量还需加强。对网络的依法治理，就是要做到有法可依、执法必严、违法必究。目前，我国在网络执法方面还存在较大的不足。首先是网络空间浩瀚如海，对网络空间中的违法行为，执法人员很难及时发现。即便发现了，因为网络中匿名的特点，对违法行为的查处成本也很高。其次是真实社会中可能存在的违法行为，网络空间中基本都会存在，但网络空间中的违法行为和真实社会中的违法行为又不能完全画等号。同时，网络空间中还会凭空出现很多在现实生活中不可能出现的违法行为，这给违法行为的认定带来极大的困难。比如对P2P网贷的严格监管政策，远远落后于网贷出现的时间点。最后是网络空间执法力量分散。我国成立了高规格的网络安全和信息化领导小组并下设办公室，负责具体工作，对网络治理进行了高规格的规划。同时，网络治理涉及范围广、影响面大，与安全、金融、传播、娱乐、消费等方面都有联系，在现实生活中和政府各部门都有交集，还需要进一步补充力量，完善工作机制，加强执法力度。

全国性的高校网络思想政治教育平台，责任重、影响大、覆盖广。平台的主要群体是高校和大学生，因此对平台管控更需要相应的法律法规予以支持和保障。

4.4.2 统分结合的分级组织管理体系

自2014年开始，从中央到地方，均成立了网络安全和信息化领导小组。领导小组下设办公室，作为具体的办公室机构，负责网络安全和信息化方面的具体工作。在教育领域，2011 年，教育部成立了教育部信息化领导小组，由时任教育部部长袁贵仁任组长，负责教育信息化的推进工作。小组下设教育信息化推进办公室，作为具体的办事机构。2016 年，为贯彻落实对中央关于网络信息化与相关安全工作的战略部署，在新时期深入实现教育领域的信息化与安全工作，教育部特别成立网络安全和信息化领导小组，肩负特定的职责。小组组长由教育部部长陈宝生兼任，在具体的办事机构上设立了领导小组办公室。教育信息化可以在高校的网络思想政治教育平台中得到充分的体现。从 2015 年开始，"易班"推广行动计划连续三年纳入教育部教育信息化工作要点，每年均提出了明确的要求和任务，并落实考核。每年，国家互联网信息办公室和教育部还通过专题会议、调研指导、任务考核等多种方式，多管齐下推动"易班"建设推广工作。

教育部通过构建国家—省级—高校三级的网络思想政治教育平台管理机构，保证了最大限度的资源整合，实现了人、财、物的互通共享，杜绝了各自为政的情况，实现了"集中力量办大事"的初衷。高校的网络思想政治教育平台可以通过各个层次的管理层为其提供具有不同特色的资源，尽可能杜绝资源的浪费现象，并避免重复性建设。三级管理机构通过高校网络思想政治教育平台统一管理，在平台的技术标准、用户界面、资源使用、开放接口等方面实现了标准化和规范化，更利于平台的维护、升级工作，降低了后续的建设和管理成本。

同时，三级管理机构通过承担不同的职责，起到了相互配合、共同推进的作用。在国家层面，国家管理机构主要是提供政策支持，整合全国范围内的教育资源，促进教育行业及其他行业的资源深度融合，同时对各省级管理机构进行指导和考核。在省级管理层面，省级管理机构主要为各高校的建设推广提供必要而具体的指导和帮助，并投入一定的资源予以辅助。各地高校由于自身情况的不同，在网络思想政治教育平台的建设中可以采取因地制宜的建设理念，促进其本地化、特色化。省级管理机构在省内开展平台建设的监督机制、考核工作，管理人员、开发人员、维护人员及用户的培训工作，对网络思想政治教育平台建设发展的意见收集和反馈工作。在高校层面，各高校管理机构整合全校资源，努力推动教育信息化、管理信息化、服务信息化的工作。

4.4.3 以技术优势确保平台有效运行

先进的网络技术对高校网络思想政治教育平台具有重要的意义，值得高校重点关注。高校网络思想政治教育平台的先进性，集中体现在对先进网络技术的部署和应用；网络技术的先进性，则要体现在高校网络思想政治教育平台开发、运营、管理的各个环节。越是重要的网络应用，越要保证服务的安全性、稳定性和可靠性，因此，在网络思想政治教育平台的管理中，各极管理机构也需要加强技术开发和部署。高校网络思想政治教育平台需要能够增强平台功能、提升用户体验的技术。因此，其没有必要对商业领域中好的东西都全盘照搬，因为高校网络思想政治教育平台和商业产品有着完全不同的定位。各级管理机构应采取一定的体制和机制，使高校网络思想政治教育平台要能够规范性地和商业领域的流行应用形成互联互通。

加强人和技术的协作，强化网络思想政治教育平台的管理。管理的目的是更加高效地为用户提供服务，为网络思想政治教育平台的管理者带来便利。而管理的安全性和管理的便利性是相互矛盾的，高校网络思想政治教育平台管理人员越多，则网络思想政治教育平台的安全风险就越大，出现安全问题的概率就越高；而网络思想政治教育平台的安全措施越复杂、安全防护门槛越高，则必然会提高管理的要求和门槛，导致网络思想政治教育平台管理的便利性、及时性降低。因此，我们要很好地协调技术和人的关系，既要满足安全性的要求，又要最大可能地让网络思想政治教育平台便于管理、高效维护。

各级管理机构通过加强技术开发，可以完善用户和网络思想政治教育平台的沟通交流体系，让每个用户的意见和建议能够迅速得到回应，切实保障网络思想政治教育平台"以用户为本"的基本要求。在保障信息安全的前提下，各级管理机构通过部署相关的技术手段，收集、优化用户的使用习惯、使用需求，并将用户的使用导向传递到网络思想政治教育平台。在确保安全的前提下，各级管理机构通过先进技术的部署，最大限度地为网络思想政治教育平台管理带来便利。另外，网络思想政治教育平台的维护管理，还需要各方的共同参与、齐抓共管。一方面，通过用户的广泛参与，增强用户和网络思想政治教育平台之间的互动，把满足用户需求融入网络思想政治教育平台的日常管理工作中；另一方面，把网络思想政治教育工作融入高校网络思想政治教育平台的运营管理中，让全体用户一起来规范高校网络思想政治教育平台的运营和管理，共同净化网络空间。

4.5 本章小结

高校网络思想政治教育平台建设，以习近平新时代特色社会主义理论为根本遵循，以互联网思维为指引，在深刻理解当前高校思想政治教育的新矛盾的基础上，坚持与时俱进、开拓创新，在建设目标、建设模式上，体现思想政治教育产品与互联网产品的完美融合。

5 高校网络思想政治教育平台
作用与评价机制

高校网络思想政治教育平台的作用发挥和评价机制，是高校网络思想政治教育平台研究的重点和难点。本章将从思想政治教育的基本理论和方法，以及网络技术的具体应用中，探寻高校网络思想政治教育平台作用发挥和评价的机制和规律。

5.1 高校网络思想政治教育平台的作用机制

5.1.1 环境熏陶机制

马克思曾提出，一方面强调环境对人的发展作用，环境是人的思想影响的来源；另一方面又强调环境通过人的实践是可以改变的。人不断地受到环境的影响，但是人也在改造环境。社会存在决定社会意识，社会环境是客观存在、是本源、是第一性的；人的思想是主观的、是派生、是第二性的。作为矛盾的另一面，人通过发挥主观能动性，又能够改造环境；人通过对环境的改造，反过来又会对人的思想产生新的影响。马克思主义基本原理关于人和环境的基本论述，实际上就是思想政治教育中环境熏陶机制的理论基础。

网络社会的到来，对社会和人的发展造成了深远的、深刻的、带有根本性的影响。网络就好像空气一样，看不见摸不着，但是又无时无处不在。人的绝大部分的时间和活动，都和网络发生联系，都被网络大环境所围绕。环境熏陶在思想政治教育中必不可少，尤其是当前对熏陶机制的研究，更是网络思想政治教育中的重点。在高校环境中，网络思想政治教育平台通过与大学生用户的日常生活和学习紧密联系，使大学生无时无刻都受到网络思想政治教育平台的熏陶。

高校网络思想政治教育平台使网络思想政治教育的环境更加具体，并且在熏陶作用方面产生了更加明显的作用。和传统思想政治教育相比，网络思想政治教育不可能采取课堂上那种集中式、灌输式的教育模式，只能根据互联网平等、交流的特性，采取碎片化、零散化、渗透式的教育模式。大学生在日常生活中，常通过网络渠道进行交流。高校网络思想政治教育平台要将思想政治教育融入其中，把相关的内容和用户需要的网络应用、网络软件结合在一起，以"润物细无声"的方式开展网络思想政治教育。在庞大的互联网中，网络思想政治教育不可能、也没有必要和所有的网络应用、网络资源进行融合，更不可能让网络思想政治教育的内容充满整个互联网。从网络环境构建的角度，我们应该将网络思想政治教育和满足用户需求的应用、软件融合在一起，以网络思想政治教育平台的模式，为用户呈现一个具体的、功能强大的、应用性强的教育和服务环境。网络思想政治教育平台通过满足用户的需求，让平台和用户充分互动；通过更加技术化的手段，将网络思想政治教育和用户的网络互动联系在一起，让用户在有意无意间受到网络思想政治教育的熏陶和渗透，达到网络思想政治教育的目的。非常形象的案例就是，当用户在浏览各种购物网站时，网站会随机地向用户推荐各种常用商品，告知各种购物优惠和促销活动，甚至会根据用户过去的购物习惯推荐对应的商品。购物网站甚至会通过各种各样的视频、软文、广告等，引导用户进行购物。在整个过程中，网站绝不会有过去那种粗暴的弹窗、反复的提示等让用户感到不舒服的内容，但是在整个浓厚的购物氛围中，用户往往会不自觉地被激发出购物欲望，"清空"购物车。只要能够和用户常用的网络应用及软件进行充分的融合，一个完整的并且具有一定封闭性的高校网络思想政治教育环境的形成是完全有可能的。

更进一步讲，高校网络思想政治教育平台实际上是以高校网络思想政治教育平台为中心，同时连接互联网中一切有效的资源的环境，其中既包括平台自身的网络思想政治教育资源以及相关的网络应用，也包括和平台相衔接的其他网络思想政治教育资源及相关的网络应用；既包括线上的资源与应用，也包括线下与思政教育有关的资源。在整个高校范围，高校网络思想政治教育所创设的大环境在形式上更加具体，在内容上更为丰富，在层次上更为系统。线上和线下的有效连接和互动，使得高校网络思想政治教育平台的熏陶作用能够得到更加有效的发挥。高校网络思想政治教育平台的发展，还将对整个互联网环境的治理和净化起到很好的推动作用。

环境熏陶机制的启示在于高校网络思想政治教育平台要注重平台、环境的建设，注重平台运行和体制机制建设，形成高校一体化的教育理念。特别是在平台建设中，要杜绝平台短板的出现。在易班的建设实践中，平台并不直接以思想政治教育作为易班的抓手，而是通过易班不断满足用户在娱乐、教育教学、服务管理等方面的需求，强化用户和易班的联系与互动，营造良好的氛围；易班作为全国性的思想政治教育平台，汇聚了最权威、最丰富的教育信息和资源，客观上增强了易班对用户的吸引力；易班结合自身的教育资源优势，将线上线下资源无缝融合，特别是在易班高校开展了大量丰富多彩的网络文化活动，较好地完成了易班对用户线上线下的全覆盖；通过易班的不断的本地化，用户在日常学习生活中越来越多地要使用易班，进一步增强了易班对用户的影响。

5.1.2　群体认同机制

群体具有一定的独立性，通过某种特殊的社会关系对其进行连接，并形成一个整体，由于其独立性特点又使得其与其他人群不同，从而形成与其他人群的明显区分。高校网络思想政治教育平台中涉及的最大群体，就是大学生用户，他们最独立的特征，就是大学生的身份，同时也是主要的受教育者。大学生群体同时还具有年轻、好奇、创造、独立，有理想、有抱负、有追求等特点。

大学生群体的认同，首先是基于网络思想政治教育平台的权威性。恩格斯提出，"权威就是把别人的意志强加给我们"。思想政治教育权威，从根本上讲是一种影响力，一种外在的驱动力，以服从为基本原则。思想政治教育是党和国家的主张，具有明确的政治属性，受到国家强制力的支持和保证。思想政治教育的权威，来源于国家权力的保证。思想政治教育作为特别的育人工作，具有内在权威性。教育活动本身就是依靠权威实现的。雅斯贝尔斯提出，"对权威的信仰首先是教育的唯一来源和教育的实质。"没有权威的思想政治教育，必然是毫无用处的。网络思想政治教育平台的权威性，由三个方面构成：一是来自思想政治教育，二是来自高校网络平台作为由国家强制力保证实施的教育平台的权威，三是来自高校网络思想政治教育平台中教育者的权威。从教育活动的基本规律来看，大学生作为受教育者会对高校思想政治教育平台的权威产生一定的认同感。

网络思想政治教育平台作用的发挥，还依赖于大学生用户群体的从众效应。大学生的思维尚未定型，当个体在群体中遇到与自身观点不同的思想时，其会对自身的观念产生怀疑，进而影响自身的判断和行为方式，以和他人保持一致。在高校中，大学生"随大流"的情况尤其明显，因为大学生普遍处于班级、社团、寝室等集体中，习惯性地把个人的观点和集体的观点保持一致。同时，在网络思想政治教育平台中，大学生还有受教育者的身份，保持谦逊的学习态度、积极的求学精神，在客观上也触发了大学生的从众性。

高校思想政治教育平台的权威性特点与大学生的从众性之间具有密切的联系。高校网络思想政治教育平台要充分地发挥其作用，在一定程度上依赖于平台的权威性，同时对思政教育的权威性也有一定的依赖。而作为网络思想政治教育平台的主要受教育者——大学生用户群体，既有保持群体行动一致的诉求，也有服从教育权威的诉求，因此表现出明显的群体认同。

群体认同机制的启示，在于高校网络思想政治教育平台中的大学生用户的特征、特性相对趋同，我们要更加善于从社交的领域，从群体教育的领域，从群体心理、群体接受的领域开展研究和实践，牢牢把握用户群体特性，特别是要加强群体和个体、群体内个体之间的相互作用和引导、转化规律的研究。易班最大的用户群体是大学生，易班提供的网络学校、网络班级、网络社团、公众号等功能，继续保持和强化了大学生的群体属性。用户在易班中的标签，基本和在高校中的社团信息、学院专业信息保持一致，因此，易班用户在整体上呈现出了很强的群体性特点。易班用户也是典型的教育信息敏感人群，所以教育资源的获取和使用对易班用户而言具有特别重要的价值。

5.1.3　灌输与渗透相结合的机制

灌输理论是思想政治教育中极为重要的理论基础，思想政治教育中常用的方式为灌输。广大受教育者若要形成正确的价值观念、良好的道德修养、先进的思想政治观点，教育者对其的灌输至关重要。一段时间以来，研究者认为在网络时代，灌输理论已经过时，灌输理论不再适用于网络时代的思想政治教育。这样的观点是非常错误而有害的。首先，灌输理论是一个世界观的问题，即如何把正确的、科学的思想政治教育"注入"受教育者的问题。教育工作本身就是带有阶级性、政治性和强制性的，很多国家以国家的强制力保证教育工作的顺利开展。国家只有通过灌输的方式，才能科学地、系统地、完整地将思想政治教育的内容注入受教育者。其次，灌输理论还是一个方法论的问题。灌输理论不是"填鸭式"教学，也不是死记硬背、生搬硬套。网络思想政治教育，既要解决灌输内容的数量和质量问题，还要解决灌输的方式方法问题；既要保证灌输内容的科学、完整，又要在灌输中创造性地采用互联网的方法。网络思想政治教育蕴藏着极为丰富的资源，其中的网络技术以及各种新奇的手段更是令人眼花缭乱，能够保证思想政治教育的灌输效果。

渗透教育可以理解为对受教育者的暗示和引导。渗透和熏陶，有一定的相同之处，但渗透教育更符合当前网络世界碎片化、零散化的特点。首先，教育者应该立足于高校网络思想政治教育平台，全方位、多维度、循序渐进地进行网络思想政治教育内容渗透，丰富渗透的内容，创新渗透的形式，增强渗透的效果；其次，教育者要利用先进的网络技术和应用，将用户对网络思想政治教育平台内容无意识的渗透，逐步转化为用户有意识的行为，培养用户对网络思想政治教育的兴趣和接受度、认可度；最后，教育者通过持续不断的渗透教育以及其他的教育手段和方法，使用户在接受网络思想政治教育时实现新的提升，实现从感性认识上升为理性认识的飞跃，从纯粹的被动接受转化为主动接受、自我教育。

网络思想政治教育平台中的灌输和渗透的目的、内容高度一致，在方式方法上相辅相成、互为补充、相互融合。灌输是教育者的主动行为，灌输的内容、灌输的方式，都是由教育者确定的。灌输的目的，是使受教育者接受，因此灌输也必然要考虑受教育者的接受度，进而改善和改进灌输的方式方法，灌输的渠道、灌输的时机。渗透是受教育者一种被动行为方式，通过何种方式渗透，渗透什么样的内容，要以受教育者的表现为依据来制定相关的内容。渗透同样也是由教育者主导的行为，因此渗透的内容、渗透的方式和教育者有很大联系。在实际应用中，教育者要结合使用灌输和渗透的方法，既要有强制性的要求，又要有循循善诱的引导；既要有系统性、科学性、完整性的整体灌输，又要有碎片化、零散化的层层渗透。要教育者要发挥网络思想政治教育平台的技术优势，很好地结合灌输和渗透的方法，做好网络思想政治教育工作。

高校网络思想政治教育平台要旗帜鲜明地进行灌输。只要能够提供真正权威的、有效的网络思想政治教育服务和资源，就一定能够掌握和吸引用户。在灌输的过程中，灌输的内容更要符合用户的接受特点，符合网络的传播、作用特点，切忌长篇大论式的、课堂式的教育。我们要通过平台的构建，让用户感受到网络思想政治教育的真理性、有效性，让用户主动去寻找和接受网络思想政治教育的资源和服务。在易班中，灌输和渗透可以是同义的。易班的方式方法是多种多样的，有辅导员或者专家教授的一对一讲解，有用户之间相互的分析和讨论，有用户自己的表白和论述；也可以通过组织开展的线上活动，或者线下活动的动手实践，个人的积极参与，或者群体的集体行动，等等。

5.1.4 实践与自我教育相融合的机制

马克思曾说过，社会生活在本质上是实践。在网络刚出现的时候，学界还曾为网络交往是否属于社会交往，网络活动是否属于社会实践而争论。现在看来，网络社会中的网络就是社会，社会就是网络，网络生活就是社会生活，社会生活也全部网络化。网络思想政治教育的本质就是实践，高校网络思想政治教育平台既是传播与灌输理论知识的平台，同时也是为教育者以及受教育者提供充分实践的平台，从而使理性认知和网络实践完全融合在一起，共同发挥作用。例如，用户看到一条微博，如果赞同，就会写下几句鼓励的话；如果反对，就会提出不一样的意见，很快用户的留言就会激起更多用户的讨论和参与。当微博讨论结束以后，用户的意见会基本趋于一致。如果依然存在不同的观点，那么同样的讨论会在微博或者在网络思想政治教育平台的其他位置发生。在整个互动中，用户之间都是彼此的镜子，无论大家是有理有据地进行讨论，还是大家都蛮不讲理地相互攻击。在用户的网络互动过程中，用户很难去区分哪些是理性认知的内容，哪些是网络实践的内容。如果说微博能够引导用户的网络社交礼仪，那么微博同时也提供相应的实践。高校网络思想政治教育平台使得实践的方法以及形式得到了极大的丰富，让用户的网络实践更充分、更具体、更真切；高校网络思想政治教育平台，也是网络思想政治教育实践检验的平台。马克思说过，人的思维的真理性，是一个实践的问题。网络思想政治教育的过程，实质就是"认知、实践、再认知、再实践"的循环过程。要充分开展网络思想政治教育并不断地强化其育人效果，离不开网络实践的配合以及相互协作；在理论的指导下，网络实践才能应用于思想政治教育中，并不断提升思想政治教育的有效性。最后，教育者把网络实践中的感悟和感受，重新融入新的网络思想政治教育中，从而形成一个完善的闭合回路，实现新的循环。

自我教育，是思想政治教育的根本目标和追求，是受教育者通过发挥自身的主观能动性不断地实现对自身的提升，实现自我的完善、发展、评价。高校网络思想政治教育平台为受教育者的自我教育开展构建了良好的环境，提供了丰富的内容和资源，并且能够对受教育者的自我教育提供必要的帮助以及技术层面的指导。同时，平台中的主体是数量庞大的大学生群体，他们在使用平台的过程中能够形成良好的互动。群体之间的内部互动，能够更好地达成教育的效果。

网络实践必不可少，但网络实践依然存在一定的局限性，原因并非网络实践自身的问题，而是网络实践的不充分、不完整。在当前网络条件下，参加线上的植树活动和实际生活中的植树依然存在较大差别。一种解决方案是，通过线上和线下的互动，把网上的植树实践延伸到线下开展；另一种解决方案是，在线上提供更加真实、可信、有效的植树体验，比如增加线上实践的难度，创建更加真实的网络植树环境等。因此，高校网络思想政治教育平台中教育者的角色依然举足轻重，平台中教育、引导、评价的机制不可或缺。

5.2　高校网络思想政治教育平台评价的基本原则

5.2.1　基本思路

评价是对事物做出价值判断的过程。高校网络思想政治教育平台评价，就是按照一定的标准和原则，运用一定的科学方法，对高校网络思想政治教育平台的效益进行价值判断的活动。效益是一个经济学的概念，网络思想政治教育平台的效益可以理解为通过网络思想政治教育平台的建设和运行而取得的直接和间接的效果和利益。

在过去的一段时间内，我们忽视了思想政治教育效益的问题，认为思想政治教育是人的工作、思想的工作，不能简单地用经济利益来衡量。同时，思想政治教育的"投入"和"产出"难以计算，所取得的效益也很难量化，因此思想政治教育一直都处于"说不清、道不明"的朦胧状态。思想政治教育效益的缺失，直接危及思想政治教育的科学性和价值发挥，严重挫伤了思想政治教育工作者的积极性和创造性。以网络思想政治教育平台为具体对象，利用定性与定量相结合的方法，综合思想政治教育的评价方法和互联网的评价方法，在一定程度上能够为网络思想政治教育平台给出较为科学的评价。

第一，互联网中对网络系统的评价已经比较成熟。经过多年的发展，互联网中对网络系统（网络应用、网站）的评价，已经有比较成熟的评价标准和体系。对网络应用而言，重点考察的因素有网络下载量、手机端安装数量、注册用户数、同时在线用户数、用户使用频率、用户平均使用时长等。各大著名的网络应用商店都会提供网络应用的下载排名、日均下载量、用户评分等。在通常情况下，网络应用相应的指标越高，应用的影响力就越大，应用产生的效益就越好。同样地，对网站（系统）的评价指标，包括网站访问量、网站日均访问量、网站并发访问量、用户访问时长、用户访问频率、网站流量等，有专门的第三方网站，如站长之家、Alexa、百度等，提供专业的、独立的网站排名服务。我们通过网络中已经成熟的评价指标和体系，能够获得对网络思想政治教育平台较为客观、真实的评价。

第二，基于先进的网络技术，网络思想政治教育平台自我评价成为可能。

特别是通过大数据技术，网络思想政治教育平台能够掌握更多的来自平台内部、外部和用户的数据，通过对数据的分析和挖掘，实现对平台自身的准确评价，并提供对平台未来发展的量化结论。以用户访问习惯为例，通过大数据分析，网络思想政治教育平台能够准确分析出用户访问是基于电脑、手机、平板或者其他智能终端，有利于平台下一步有针对性地对相应平台进行优化。网络思想政治教育平台通过对用户登录时间、登录网络状态的分析，决定平台的软硬件资源大致应该如何分配，以保证负载均衡。网络思想政治教育平台通过对用户登录区域、用户性别、用户年龄甚至用户所在具体位置的分析，对平台的资源和内容进行相应的调整和优化。网络思想政治教育平台通过对同一用户的长期分析，就可以掌握该用户的登录习惯、使用习惯、使用效果等，并据此判断平台对该用户的吸引力。管理人员如果将网络思想政治教育平台的大数据进行相应的对比，则能对平台的运行状态有更加准确的掌握。通过对大数据的挖掘分析，网络思想政治教育平台能够做出客观、科学的评价。

第三，思想政治教育平台评价中最重要的内容，是对思想政治教育平台育人效果的评价。需要注意的是，传统思想政治教育评价的研究成果依然值得借鉴。思想政治教育效果评价，是当前思想政治教育研究的热点和难点之一。徐惠忠提出了高校网络思想政治教育时效性三级评价指标，包括要素有效性、过程有效性和结果有效性，各一级指标下还细分有二级、三级指标；在评价方法上，他提出了实践法和模糊综合评估法。刘新庚、曹关平、刘邦捷等提出了思想政治教育网络评估方法，即运用现代网络手段对思想政治教育进行检测评估的方法，该方法的具体步骤是："建构网络评估系统、搜集与整理评估数据、制定网络评估指标体系、确定网络评估权重系数、讨论与评价、进行归一处理并做出评估结论"。传统思想政治教育的评价机制，基本还是通过对用户的调查了解，给予直观的结论和评价。在网络思想政治教育平台中，我们在对其进行评价时可以更好地做到线上和线下相结合，定性和定量相结合，以保证评价的普遍性和真实性。

第四，启动政府层面或者第三方机构的独立评价。网络思想政治教育平台的建设和发展是一项庞大的系统工程，网络思想政治教育平台的评价将作为政府决策的重要依据和参考。我们要启动政府层面，或者独立第三方机构的评价，对网络思想政治教育平台进行全面、公正、客观、系统的评价，真正建立起一套适用、有用的评价指标和评价体系，始终将其发展方向把控在一个正确的轨道上，为推动网络思想政治教育的有效开展提供巨大的推动力。

5.2.2　静态评价与动态评价相结合

高校网络思想政治教育平台的静态评价，指高校网络思想政治教育平台在某一时间点呈现出的整体状态。静态评价提供高校网络思想政治教育平台的静态指标，作为评价参考。高校网络思想政治教育平台的动态评价，指高校网络思想政治教育平台在整个运行过程中，表现出的趋势和规律。动态评价提供高校网络思想政治教育平台的方向性、趋势性、规律性的动态指标。

静态指标评价，可以提供高校网络思想政治教育平台的基本的数据指标，具有一定的客观性和有效性；动态指标评价，体现了高校网络思想政治教育平台在动态维度中的变化发展规律和导向，更能够判断出高校网络思想政治教育平台的总体发展趋势和导向。比如某一个时刻的访问量、注册用户数、活跃用户数等，可以作为静态指标，对当前高校网络思想政治教育平台的基本运行状态做出评价；而在一个周期内的指标变化，比如一年内的访问量变化、活跃度变化，或者是某个时间节点的流量对比，可以作为动态指标，对高校网络思想政治教育平台的发展趋势做出相应评价。

5.2.3　定量评价与定性评价相结合

定量评价，即是对高校网络思想政治教育平台相关指标的数据评价分析；而定性评价，既判断高校网络思想政治教育平台的基本状态，同时也对其未来的发展趋势做出科学的评价。定量评价，一般针对高校网络思想政治教育平台这个产品本身，如下载量、访问量、最大访问量、即时访问量等，数据可以通过平台自身或者第三方检测平台直接获取；定性评价主要依据人为因素较多的部分开展，如平台的使用体验、用户满意度调查、平台作用发挥等。

定量评价和定性评价在一定程度上是可以相互转化的，比如长期的指标性评价均偏低，就可以认为平台建设、运营等出现了困难，导致整体的定性评价较差。同理，如果整体定性评价较好，则在定量评价方面，应该体现为较好的数据指标。高校网络思想政治教育平台是特殊的网络产品，定量评价能够提供一定的基础数据支撑，最大限度地杜绝评价中的人为因素。同时，对高校网络思想政治教育平台的定性评价是重要且必要的，开展评价的目的不仅是掌握数据，更重要的是掌握高校网络思想政治教育平台的发展方向和发展趋势，促进高校网络思想政治教育平台的优化和升级。

5.2.4　产品评价和效果评价相结合

高校网络思想政治教育平台评价，既是对平台的评价，也是对效果的评价。通常情况下，如果高校网络思想政治教育平台评价较好，则平台育人效果评价必然也会变好；同理，如果高校网络思想政治教育平台育人效果欠佳，无法满足当前形势的需求，则对平台育人效果的评价就会较差。平台的作用发挥情况，决定了最终的效果评价；而对效果的评价，又反过来影响对平台的评价。

对产品的评价和对效果的评价，有着截然不同的评价方法和评价体系、评价指标，但在根本上，其都是对高校网络思想政治教育平台的评价。人们通过对产品评价和效果评价的梳理，客观上也就找到了网络思想政治教育平台和育人之间的联系和规律。

5.3 高校网络思想政治教育平台的评价对象

5.3.1 对高校网络思想政治教育平台产品的评价

对高校网络思想政治教育平台的评价，首先是对高校网络思想政治教育平台建设基本情况的评价，也可以视为是对高校网络思想政治教育平台的直接评价。其主要包括以下三个方面：

（1）高校网络思想政治教育平台的硬件建设情况。高校网络思想政治教育平台的硬件配置情况与网络思想政治教育平台的作用发挥联系密切。通常情况下，硬件设备越先进、硬件性能越优秀、硬件系统运作越流畅，网络思想政治教育平台在数据处理、响应速度、用户体验等方面的表现就越优秀。反之，如果整个硬件系统始终超负荷运作，甚至经常出现故障，其显然就无法保障网络思想政治教育平台的正常运作，评价结论就很差。

（2）高校网络思想政治教育平台的技术应用情况。显而易见，应用的网络技术越先进，就越能够给用户带来良好的体验，并获得较好的评价。先进科学技术的应用同样与平台的功能发挥以及用户体验的关系密切，高校网络思想政治教育平台也一样。高校网络思想政治教育平台是否支持跨平台使用，是否部署了大数据技术，是否能够满足云存储的需求，是否能够快捷地实现和校园信息系统的对接，等等，这些技术指标都直接关系到用户对其的评价。

（3）高校网络思想政治教育平台的运行评价。有学者尝试将网络计量模式引入网站评价中，即将网络计量学的方法引入教育网站评价，从而可以带来不同角度的网络量化指标，网络计量学可以计量网络的个体特征信息，如点击量、浏览次数、流量、增长、发展趋势，以及对网络的链接特征信息进行测量"。这些量化指标不是人工打分，而是直接采集网站的真实数据，更加客观；同时，这些指标又是动态的，可以反映网站信息资源的分布、使用情况等特征。

需要注意的是，当前的高校网络思想政治教育平台产品通常都会提供电脑端网站和手机 App，还可能同步推出微信小程序、微博微信公众号等辅助产品，甚至会采取产品矩阵的方式，通过一组相互配套的电脑网站、手机 App 或者微信公众号，以协同作用的方式，构成完整的产品链条。我们在对高校网络思想政治教育平台评价时要特别注意这一发展趋势。对高校网络思想政治教育平台的直接评价，涉及较为专业的计算机和网络领域的专业知识和专业软件，甚至还要借助第三方专业平台来完成。通过对高校网络思想政治教育平台的直接评价，我们能够掌握平台开发、建设、运行的第一手数据，从而在很大程度上弱化了评价中的人为主观因素的影响。

5.3.2　对高校网络思想政治教育平台运行机制的评价

高校网络思想政治教育平台的作用发挥，一是基于高校网络思想政治教育平台的产品特性，即平台自身具备的功能对其自身发挥作用的大小具有决定意义；二是基于与高校网络思想政治教育平台建设、运营配套的，高校网络思想政治教育平台的运行运作机制，比如高校网络思想政治教育平台的政策、机构、人员、经费、流程、制度等内容。从高校实际出发，对高校网络思想政治教育平台运行机制的评价，主要是从高校对网络思想政治教育平台的重视程度及其二者之间的融合度出发，进而对运行机制做出全面的评价。

高校对网络思想政治教育平台的重视程度，决定了高校网络思想政治教育平台能够获得的人、财、物的支持，决定了高校网络思想政治教育平台在政策上、机构上、制度上能够得到的保障。高校网络思想政治教育平台的建设运行是一个系统工程，需要方方面面的协调与配合。高校对网络思想政治教育平台的重视程度越高，网络思想政治教育平台的起点和站位也就越高，在具体运行中可能遭遇的阻力和障碍也就越小。高校对网络思想政治教育平台的重视程度，也决定了网络思想政治教育平台与高校工作的融合度。在具体实践中，高校要通过构建高校网络思想政治教育平台的应用场景，培养和引导用户对高校网络思想政治教育平台的使用习惯。通常情况下，高校网络思想政治教育平台和用户的吃、穿、住、行结合越紧密，网络思想政治教育平台的使用就越充分，就越容易形成用户的使用习惯。将网络思想政治教育平台和高校的教学、科研、后勤、服务、管理等各项工作紧密融合，就能够迅速地形成用户对高校网络思想政治教育平台的使用的习惯，甚至依赖。

"好马还需配好鞍"，高校网络思想政治教育平台在高校建设运行的配套机制，同样是开展高校网络思想政治教育平台评价的重要内容。

5.3.3 对高校网络思想政治教育平台育人效果的评价

对高校网络思想政治教育平台的评价，关键是对其育人效果如何的评价。高校网络思想政治教育平台的育人效果评价，是思想政治教育长期研究和关注的领域，也是思想政治教育研究的难点。开展高校网络思想政治教育平台育人效果评价，实质就是对学生的思想政治素质进行评价。人的思想政治素质非常复杂，"显现的要素我们较易做出工具论的判断，而情感性、隐性的价值观念层面的指标却很难评定。"同时，思想政治教育缺乏明确的评价标准、具体的评价对象、形式多样的评价方法。思想政治教育的影响是长期的、隐性的过程，对人的评价存在很强的不确定性。相关评价指标既难以确定，更难以量化。

目前，网络技术的进步使得高校网络思想政治教育平台育人效果评价朝着科学、规范、有效迈出一大步。一方面，传统意义上的抽样调查、问卷调查等方式，依然应该被继续使用，为高校网络思想政治教育平台育人效果评价提供积极的样本和素材；另一方面，要充分应用大数据技术开展高校网络思想政治教育平台的育人效果评价。从评价思路上，大数据技术是寻找数据之间的内在联系，即发现网络思想政治教育平台的功能、特点和用户的表现之间的相关性。数据类型越丰富，数据量越大，相关关系的表现越明显。而不是像过去那样，带着高校网络思想政治教育平台中的"原因"，去寻找思想政治教育平台用户身上的"结果"；或者是带着用户身上的"结果"，反过来到网络思想政治教育平台中去寻找"原因"。我们通过长期的、海量的大数据分析，就有可能做到对高校网络思想政治教育平台育人效果的有效评价。

5.4 高校网络思想政治教育平台的评价主体

5.4.1 政府评价

网络思想政治教育平台的建设，是国家层面推动教育信息化，进一步改进和加强思想政治教育的具体举措和重要抓手。政府对网络思想政治教育平台的评价，最重要、最根本的一条，就是网络思想政治教育平台是否始终坚持党和国家的教育方针，坚持"为人民服务，为中国共产党治国理政服务，为巩固和发展中国特色社会主义制度服务，为改革开放和社会主义现代化建设服务"。我们通过开展网络思想政治教育平台评价，了解和掌握网络思想政治教育平台及其用户的相关情况，为政府规划和制定网络思想政治教育平台建设、发展的重大方针和政策提供参考和建议，为解决网络思想政治教育平台全局性、方向性、根本性的问题提供思路和方法。

5.4.2　高校评价

高校对网络思想政治教育平台的评价标准，一是是否好用，二是是否用好。好用，是指网络思想政治教育平台是否安全、稳定，是否能够满足高校用户的相关需求。我们国家正处于以教育信息化推动教育现代化的关键节点，网络思想政治教育平台应该为高校的教育信息化和教育现代化带来更多积极的因素，避免网络思想政治教育平台成为高校新的任务和负担。好用的另一层含义，就是网络思想政治教育平台要紧贴高校的实际需求，提升高校信息化水平，推动高校又快又好发展。用好是指网络思想政治教育平台的积极作用要能够在高校校园内得到体现。即积极开展网络思想政治教育，不断增强思想政治教育的有效性和针对性，充分发挥思想政治教育平台的作用；切实满足高校用户在后勤服务、生活娱乐、教育教学、科研管理等方面的需求，发挥校园综合服务平台的作用；推动高校信息化建设，推动高校内部治理改革，发挥校园信息门户的作用；通过和校外资源的充分互动和共享，让高校与社会、高校与校友形成更加紧密的联系，发挥校园新媒体平台的作用。开展网络思想政治教育平台评价，也能够给高校工作带来很好的建议和及时的反馈。

5.4.3　用户评价

用户对网络思想政治教育平台的评价主要体现为以下三点：（1）对网络思想政治教育平台使用的评价。流行的网络应用通常都具备一些共同的特点，比如用户界面友好、应用响应迅速、网络访问流畅、系统功能强大、应用安全稳定、更新及时、符合用户使用习惯等。在网络中，用户对网络应用的第一印象，往往就决定了用户是否会深度使用该应用。虽然网络思想政治教育平台具有其独特的优势和特色，在网络应用中并无同类的替代品，但如果网络思想政治教育平台的产品水准不高，依然不能得到用户的认可，更可能出现的情况就是用户弃用网络思想政治教育平台，甚至对网络思想政治教育产生反感。因此，网络思想政治教育平台作为一款网络应用和网络产品，要严格按照互联网产品的模式进行操作。（2）对网络思想政治教育平台功能的评价。网络思想政治教育平台的功能，就是满足用户日常需求，特别是能够满足高校校园内的教学、科研、工作、生活、服务、管理等方面的需求。只有把服务用户落实在具体的实践中，而不是仅仅停留在理论上，网络思想政治教育平台才能够真正得到用户的认可和喜爱。

（3）对网络思想政治教育平台效果的评价。此即网络思想政治教育平台是否能够真正带动教育信息化、推动教育现代化，是否能够带来高等教育的深刻变革，是否能够带来高校教学、管理、服务各项工作的变化，让用户实实在在地感受到网络思想政治教育平台所带来的改变。同时，用户更加关注网络思想政治教育平台对用户的帮助，即关注平台对用户个人发展的推动作用。在这个过程中，用户能够接受更多、更新的科学文化知识，能够找到实现自我的途径和方法，能够在网络思想政治教育平台中，逐步地提高和完善自己。

5.4.4　第三方机构评价

互联网领域通常会采取第三方机构评价的方式，对互联网产品（如网站、应用、软件等），进行评价，测评内容基本涵盖了互联网产品的指标、性能、功能、运行情况等常规、基本的要素。第三方机构评价的优点在于：权威、公开、客观、透明，可信度高；其缺点是：第三方机构评价依然无法做到完整、准确的评价。但在高校网络思想政治教育平台评价中引入第三方机构评价，是积极推动高校网络思想政治教育平台评价研究和实践的有益尝试。

我们可以分别针对高校网络思想政治教育平台的运行情况和高校网络思想政治教育平台的育人效果邀请第三方机构进行评价。目前，互联网中对平台运行情况的评价已经有比较成熟的第三方网站，能够给予相对客观、公正的运行情况数据分析；对育人效果的评价，平台可以委托第三方调查咨询机构开展。第三方机构评价能够做到尽责、专业，且评价结果能够得到更大范围的认可，同时也利于形成对高校网络思想政治教育平台的建设反馈。

5.5　高校网络思想政治教育平台的评价方法

5.5.1　运行数据评价

与高校网络思想政治教育平台日常运行相关的评价指标有：①用户类指标，包括日活跃用户、7天活跃用户、新用户数、每日流失用户数、周活跃用户、忠实用户数、每小时登录用户数、每小时注册用户数、最高在线人数；②平台运行类指标，包括独立访问数、重复访问数、页面浏览数、单用户页面浏览数、单用户访问时长、用户来源网站、网站访问量、网站浏览量；③平台基础数据指标，包括网站域名数量、网站网页数量、网站资源数量、网站用户数量、网站最高并发访问量等；④手机 App 相关指标，包括 App 日下载量、周下载量、总下载量、App 新装数量、App 卸载数量、App 日登录数量、App 登录时长等。

与高校网络思想政治教育平台功能相关的评价指标主要有两种观点。①有学者将功能性指标分为：可靠性、响应性、保障性、有效性和关怀性，每个一级指标下又细分了若干的二级指标；②有学者将功能性指标分为：内容、结构、服务、支持、使用等一级指标，每个指标下也设了若干二级指标。功能性评价首先是进行指标设置，针对不同类型的网络应用，功能性指标设置会存在较大差异，指标设置也可能存在一定的主观性；其次是根据功能性指标考核得到的评价分数，也存在较大的人为差异；最后是功能性指标评价更适合高校网络思想政治教育平台的纵向比较评价。

高校网络思想政治教育平台的运行，对平台育人结果会产生巨大的影响。对平台育人结果的运行评价，既可以以高校网络思想政治教育平台运行的部分运行指标得出，如用户访问量、用户访问时长、用户访问频率等；也可以通过设置调查指标的方式，通过网络问卷调查、用户随机访问等方式，得到相应的评价结果。

5.5.2 对比分析评价

大数据技术的应用，将有效提升高校网络思想政治教育平台评价的有效度和可信度。在充分占有和分析平台海量数据的基础上，大数据技术重点对平台的运行数据和高校网络思想政治教育平台用户数据之间的相关性进行深入的挖掘。相关性越强，则高校网络思想政治教育平台的育人效果越充分、越明显；如相关性较弱，则高校网络思想政治教育平台的大数据还不够充分，或者高校网络思想政治教育平台还存在功能上的缺陷。

同时，即使从大数据信息中并不能明确观测到数据的相关性，但通过长期数据的积累和分析，我们依然可以通过高校网络思想政治教育平台网络大数据横向比较和纵向比较的方式，找出高校网络思想政治教育平台的发展趋势和规律。横向比较，就是将高校网络思想政治教育平台和特定的对标应用进行数据分析，不仅直接对比基本的数据指标，还对比数据指标的变化趋势；纵向比较，就是将高校思想政治教育平台的相关数据指标和特定时间段的同样数据指标进行对比，找出高校网络思想政治教育平台数据指标变化趋势，从而得到对比分析评价。

5.5.3 抽样调查评价

抽样调查评估是思想政治教育中常用的方法，即通过对网络思想政治教育平台用户的抽样调查，对网络思想政治教育平台开展评估。抽样调查主要依赖于抽样调查指标的设置，但目前还缺乏相对完善、可靠的调查指标设计。在过去思想政治教育的状态下，抽样调查主要依靠人工填写、手工统计分析，费时费力，因而调查指标设计尤其重要。在网络条件下，抽样调查的数据整理分析大大简化，调查评估可以成为一种常态，成为网络思想政治教育平台和用户联系沟通的常规方式。因此，我们可以分期、分批逐步完善调查指标，即对于已经确定的调查指标，既可以了解当前的评估情况，也可以通过前后对比了解其的发展变化；对于还未确定的指标，可以实时地加入评估指标中，并剔除掉特征不明显的评估指标。我们通过对评估指标的动态调整，最终获得相对完整、有效的网络思想政治教育平台用户调查评估指标体系。通常而言，用户调查评估指标要包括用户基本情况、网络思想政治教育平台的基本情况以及用户的使用要求、使用感受、功能评价、效果评价等。

5.5.4 跟踪调查评价

跟踪调查评估，就是通过对高校网络思想政治教育平台和高校网络思想政治教育平台用户的长期跟踪分析，以纵向对比的方式，获得评估结论。跟踪调查评估在前三种评估方式的基础上更进了一步，不仅评估了网络思想政治教育平台的基本状态，还评估了网络思想政治教育平台的发展趋势。我们通过对网络思想政治教育平台基本运行数据的跟踪调查评估，可以了解用户的使用习惯、功能需求、系统偏好等信息；通过对用户使用情况的跟踪调查评估，能够掌握网络思想政治教育平台和用户之间的互动情况和互动效果，特别是掌握网络思想政治教育平台对用户的影响及其实现途径。

5.6 高校网络思想政治教育平台的评价反馈

5.6.1 对平台运行机制的反馈

第一，用户对高校网络思想政治教育平台的反馈，可以及时地通过高校网络思想政治教育平台的客户服务进行传递，并迅速得到处理和反馈。高校网络思想政治教育平台的运营管理过程，实质上也是及时对用户意见和建议进行处置和反馈的过程。高校网络思想政治教育平台管理者（教育者）和用户的直接互动和沟通，也是高校网络思想政治教育平台育人作用发挥的又一重要途径。

第二，通过对高校网络思想政治教育平台运行状态的监控，平台能够动态地、系统地进行调整并对用户进行反馈。高校网络思想政治教育平台的所有的网络互动，都会引发用户的评价与反馈。用户满意度高的网络互动，就会直观地表现为高校网络思想政治教育平台的相关网络指标的增长和提高；用户不满意的网络互动，就会带来高校网络思想政治教育平台相关网络指标的减少和降低。

高校网络思想政治教育平台的运营过程，就是其运行过程中的动态反馈过程。高校网络思想政治教育平台在运营管理中，要及时地、动态地对用户的评价进行反馈，加强用户满意度高的部分，取缔用户满意度低的部分，从而将得到的评价，在平台的运营管理的整个过程进行科学合理的融合。因此，对平台的评价反馈，也是深入研究平台运行机制的重要内容。

5.6.2 对平台开发建设的反馈

评价中涉及产品特点的部分，如功能的调整、技术的部署等，则需要在高校网络思想政治教育平台的开发建设中进行反馈。

一方面，重要的、带有基础性和全局性的功能和技术的调整和升级，必须纳入新的高校网络思想政治教育平台的开发建设计划中，通过平台的版本更新来完成对用户评价的反馈。另一方面，区域性、时效性的功能和技术的调整，则可以用两种方式来完成：一种是通过和类似的其他网络应用的互联互通来实现；另一种是通过本地化的二次开发来实现。和其他网络应用的互联互通，能够以很低的成本迅速解决功能上的缺口，也有助于扩大高校网络思想政治教育平台的影响力，是相对快捷、简单的解决方案。本地化的二次开发，则需要具有一定的本地化开发能力，能够相对持久地、更加完整地满足评价反馈的要求。

评价反馈是高校网络思想政治教育平台评价机制最后但极其重要的环节。完成评价反馈，就形成了高校网络思想政治教育平台开发建设、运营管理、评价反馈的完整环节。在当前的技术条件下，大数据技术能够大大缩短网络产品的评价和反馈周期，更好地将产品评价和产品反馈机制，深度融入整个产品生命周期中。

5.7　本章小结

评价研究一直是思想政治教育的热点和难点。具体到高校网络思想政治教育平台，就评价对象而言，其涉及对平台基本情况的评价、平台运行机制的评价、平台育人效果的评价；评价主体，则包括政府、高校、用户，甚至采用第三方独立评价；评价方法，可以综合定性和定量的方法，结合使用思想政治教育的调查研究法和互联网行业中常用的数据统计法；评价的反馈，则是直接对平台产品本身的反馈和平台运行体制机制的反馈，并最终影响平台的育人效果评价。

6 高校网络思想政治教育平台发展与建议

探讨高校网络思想政治教育平台的发展及相关影响因素，对把握当前高校网络思想政治教育平台的发展趋势，有针对性和前瞻性地加强高校网络思想政治教育平台建设和运营具有积极的作用。同时，将高校网络思想政治教育平台建设与国家和社会的需要相结合，将更好地推动高校网络思想政治教育平台的内涵式发展。

6.1 高校网络思想政治教育平台与高校流行文化相融合

6.1.1 高校流行文化及其特点

高校流行文化，可以通俗地理解为在校园中被普遍热爱并热情追随的娱乐文化。显然，高校流行文化通常特指大学生中的流行文化。高校流行文化具有以下特点：

高校流行文化具有传播周期短、速度快、影响大的特点。高校流行文化的这个特点和高校特殊的环境、和大学生这个特殊的群体有直接关系。高校校园相对封闭，但是各高校之间不管是官方还是非官方交往都很频繁，新的流行文化一旦在高校中产生，就会很快传播到整个校园以及其他高校。高校大学生群体极富激情和创造力，爱尝试、爱冒险，主观上和流行文化有着先天的亲切感；大学生群体同时也是重要的网络用户，能够熟练使用各种网络软件和应用，能够第一时间接收和传播流行文化。大学生在校内集中学习、居住的特点，使得流行文化能够在高校中迅速传播。因此，高校流行文化在大学生中的影响力巨大，往往是"忽如一夜春风来，千树万树梨花开"。一夜之间，横空出世的新的校园流行文化就能够引起大学生热烈追捧，让他们争先效仿。同时，绝大多数的高校流行文化，来得快，去得也快，但也不缺少极少数有生命力的流行文化，能够长期保留下来，成为高校校园文化和大学生文化的一部分。

高校流行文化具有商业化、娱乐化的特点。有学者认为，流行文化是"以大众为消费对象，以现代传媒为载体，按照市场规律批量生产的、集中满足人们的感性娱乐需求的文化形态"。流行文化"以企业运作的方式组织产品的生产和销售，并追求利润的最大化。这就决定了流行文化产品只有在成为商品后才能实现自己的文化价值"。高校流行文化具有很强烈的商业化的特点。高校中各式各样的流行文化的元素和符号，归根到底都是商业运作的结果。比如高校中非常典型的"苹果文化"，就是典型的商业文化。娱乐化是高校流行文化的另一大特点。娱乐化相对纯粹的商业化流行趋势而言，成本更低，也更容易在校园中流行。娱乐化是大学生群体的个性使然，也是大学生在高校学习、生活中的重要调节剂。通过娱乐，大学生能够获得暂时的满足感和充实感，能够排解学习中的迷茫感和空虚感。流行文化的娱乐元素，往往伴随着强烈的感官刺激，求新、求怪、求异，甚至以对传统思维、主流价值的颠覆为乐。大学生对流行文化的追捧，就是保证自己不在群体中掉队，或者能够引领高校流行文化的潮流。而他们通过挑战约定俗成的社会价值和社会共识，往往能够很快地获得关注度。

高校流行文化具有感染性、盲目性、多元性的特点。大学生是思维最活跃的群体，通过和网络的经常性接触，大学生接收到的各种各样的网络信息也最为丰富，因此高校流行文化呈现出多元的特点。高校中同时存在大量的正式和非正式的组织，比如班级、学生社团、兴趣小组、学习团队等，这样的组织形式很容易形成完全不同的流行文化。大学生群体有很强的集体意识，体现在流行文化中，就是大学生总会主动或者被动地追捧流行文化。从最小的寝室单元来看，流行文化就是寝室的共同话题之一。在日常的校园交往中，流行文化也是重要的社交手段之一。反之，对绝大部分大学生而言，如果不了解高校流行文化，就会被打上"落伍"的标签，因而不得不盲目跟风。

近年来，高校流行文化从网络开始，并迅速从线上蔓延到线下，甚至部分对流行文化并不了解的大学生也被迅速"感染"。同时，高校流行文化发端于流行网络应用的趋势越来越明显，从过去的快闪到现在的抖音、快手的短视频，皆是如此。

6.1.2 高校流行文化表现形式及影响

（1）短视频。短视频应用是当前网络热门应用之一，视频长度一般只有

3~5分钟，非常符合快餐文化的特点。大学生们是短视频应用的忠实用户，热衷于拍摄、制作、上传各式各样的短视频，特别是个人视频。短视频的内容五花八门，有的展现校园生活，有的表达情感，有的纯粹搞笑，有的抨击社会现象，有的是为了展示自我。各大网站和各网络应用也纷纷出台了系列鼓励上传短视频的政策，通过各种评比、排行激发用户的上传热情。

（2）恶搞。所谓恶搞，是恶意搞笑的意思。大学生们经常会充分发挥自己的创造力和想象力，以恶搞的方式重新演绎大家耳熟能详的内容。网络恶搞的历史由来已久，恶搞可以是文字、图片、音频、视频，可以是原创自拍的，也可以是剪辑整理的。恶搞可以是讲述一个原创的故事，也可以是对历史、文化的再加工。通常，网络恶搞只是网友们的一种娱乐方式，并没有特别的贬义。但随着恶搞的影响力越来越大，越来越受到大学生们的追捧，网络恶搞也开始从"无厘头"走向了低俗，甚至低级。部分网络恶搞还涉嫌对他人的隐射和攻击，涉嫌对社会意识、对传统文化和历史的扭曲和贬低。

（3）网络娱乐。最典型的例子就是DOTA、王者荣耀。大学生不管是寝室卧谈，还是网络交流，谈网络游戏或DOTA，比如王者荣耀，总是一个经久不衰的话题。甚至网络游戏的交流，还能衍生出大学生之间新的交流和沟通。比如通过王者荣耀发展成为恋人，又或者因为打DOTA而使好朋友反目。甚全有大学生提出，大家是好朋友，为什么不能送一套王者荣耀的皮肤给我。游戏中的高级装备都是要用金钱购买的，网络游戏成为大学生衡量友谊深浅的标准之一。为了不"OUT"，很多大学生不得不赶上网络游戏这趟车。

（4）网络语言。曾几何时，网络中的"无厘头"语言、"火星文字"攻占了大量的网上网下的交流平台，不懂这些网络流行语，就很难与人交流。在微博、微信中，"斗图"文化一时又如火如荼。大家都不再好好说话，而是精心寻找、制作有相应含义的图片，用图片来代替自己的回答。网络语言，甚至出现在了大学生的考试答案、毕业论文中。

（5）网络购物节。"6·18""11·11""12·12"，如果大学生们不知道这些数字的含义，那就明显已经落伍了。如果大学生在这些日子没有在网络上"淘"点什么，大家一定会认为其是校园里的"异类"。网络公司的促销手段，彻底成为高校的流行文化和大学生们的购物节日。

（6）次元文化。次元文化可以理解为动漫、游戏文化，特别是日本的动漫作品对高校大学生影响很大。次元文化还衍生出了"宅"文化、"腐"文化等。

（7）粉丝文化。粉丝文化越来越成为高校流行文化的主流，甚至逐渐演变为低级趣味、无原则、无底线的盲目追随。粉丝文化甚至成为一种商业模式，即粉丝经济。简而言之，为了追捧自己喜爱的事物，粉丝们有着不容小觑的影响力。

高校流行文化因时间、空间的变化而各有不同，不变的则是大学生对流行文化的追捧和流行文化对大学生的影响。高校流行文化并非一无是处，其所带来的积极影响包括：高校流行文化极大地丰富了大学生的校园生活，让传统意义上的"大学精英"也感受到了"大众""草根"的文化，这对大学生接触社会、了解社会是必要的、重要的。高校流行文化也带来了有用的信息和知识，能够开阔大学生们的视野、增长其见识。高校流行文化培养了大学生独立自主的意识。对流行文化的追捧，就是大学生放飞自我、张扬个性的过程，极大地激发了大学生的创造力和想象力，也锻炼了大学生的实践能力，客观上提升了大学生的个人能力。高校流行文化让大学生在网络社会中的适应能力更强。无论大学生在网络社会中的遭遇如何，都是难得的实践和锻炼；大学生对流行文化的了解和分析，增强了他们对网络信息的辨别能力；与流行文化的碰撞，让大学生的心态也更加开放、包容和自信。

作为硬币的另一面，校园流行文化可能带来的消极影响也不容忽视。一是大学生对流行文化的过度追捧，会给大学生的学业造成影响；二是流行文化的过于娱乐化、商业化，给大学生造成道德观念上的负面影响；三是流行文化良莠不齐，给大学生造成世界观、人生观、价值观的混淆。

6.1.3　与高校流行文化的融合

互联网每天都在发展变化，不断有突破人们想象力的新技术、新应用出现，这其实也是流行文化的一种体现。网络思想政治教育平台的求新、求变和高校流行文化在理念上是一致的，它们通过相互融合、和谐共生、取长补短，就能发挥更大更好的作用。

一是网络思想政治教育平台要加强和高校流行文化的融合。首先网络思想政治教育平台要借鉴高校流行文化的思路。流行文化针对的都是特别的群体，从教育的思路来看，其与因材施教有异曲同工之妙。只有抓住大学生群体各不相同的兴趣、爱好、特点，点对点地开展工作，网络思想政治教育才可能取得实效。网络思想政治教育平台根据不同群体的特点为其推送具有针对性的资源以及应用，为用户提供个性化的服务，这是平台的独特优势。其次网络思想政治教育平台要借鉴高校流行文化的方法。高校流行文化能够长时间地吸引大学生，并让大学生愿意为之付出，自然有其独特的方法。一般而言，流行文化的娱乐性都很强，娱乐性背后是流行文化的教育性和影响力；流行文化也更加包容和开放，大学生完全可以按照自己的意愿加以修饰和改造，这同时也是对大学生的能力全方位锻炼；流行文化有很强的吸引力和凝聚力，能够让大学生以流行文化为中心，紧紧地团结在一起；更进一步讲，流行文化在表达方式、传播方式上更接地气，更符合大学生的接受习惯。网络思想政治教育平台完全可以深度植入流行文化的内容和元素。比如网络思想政治教育平台的课堂，就完全可以通过动漫的形式呈现；网络思想政治教育平台的视频内容，就可以通过短视频、甚至部分"恶搞"的形式发布；用户在网络思想政治教育平台中的良好体验，完全可以采用网络游戏的模式，通过完成特定的任务获得经验、获得装备、获得荣誉实现。对高校流行文化的转化和利用可以增强网络思想政治教育平台对大学生的吸引力和感染力。

二是通过网络思想政治教育平台加强对高校流行文化的引导。一方面，高校流行文化往往都是通过网络产生、发展、壮大的。网络思想教育平台对网络空间的有效治理，就能够抓住流行文化产生、发展的规律。高校流行文化有其生存发展的线上线下基础。另一方面，追赶潮流是人的天性，对流行文化的追捧，在大学生身上表现得尤为突出。我们不能因为流行文化存在的一些消极因素，就将高校流行文化视为洪水猛兽。网络思想政治教育平台要成为高校流行文化的发源地、集散地，充分发挥平台的技术优势，把校园中的流行文化都集中到平台中。同时，平台要对流行文化给予必要的扶持和引导。凡是能够和网络思想政治教育平台同向同心同行的，就大力地给予技术的、资金的、物资的、人员的扶持，鼓励流行文化在高校和网络思想政治教育平台上发展；凡是和网络思想政治教育平台有明显背离的，就要进行严格的限制和控制，再培育新的校园流行文化取而代之。对网络思想政治教育平台的扶持和引导，可以让真正好的流行文化、对大学生有益的流行文化脱颖而出，并影响更多、更广泛的人群。

三是通过网络思想政治教育平台主动创造高校流行文化。网络思想政治教育平台通过对校园流行文化的扶持和引导，为主动创造高校新的流行文化奠定了基础。在技术上，网络思想政治教育平台能够掌握校园流行文化的基本规律以及大学生对流行文化的偏好、习惯等信息；在人员上，网络思想政治教育平台既掌握了流行文化的主要人群——大学生，又培养了一大批流行文化的传播骨干。网络思想政治教育平台完全有能力对高校流行文化进行优化组合，从而创造出大学生喜爱的、有趣又有意义的高校新流行文化。网络思想政治教育平台通过对这些流行元素的分析，就可创造出新的校园流行文化：比如校园夜跑可以引导大学生参加户外活动，以达到瘦身塑形的目的；礼仪训练营，把大学生对外貌、形体的关注，引导到对自己言谈举止的关注，提升大学生整体的形象和气质。

6.2 高校网络思想政治教育平台与高校教育信息化相融合

6.2.1 网络思想政治教育是教育信息化的应有之义

教育信息化是指在教育领域的教学、管理、科研等方面深入应用现代信息传播技术，从而促进教育改革与发展的过程。以网络信息化技术为高等教育改革提供可靠保障，以教育信息化推动教育现代化，是深化我国高等教育改革，推动我国从教育大国向教育强国转变的重要举措。

教育部在《教育信息化"十三五"规划》（以下简称《规划》）中提出，"稳步推进教育信息化各项工作……推动形成基于信息技术的新型教育教学模式与教育服务供给方式，提升教育治理体系和治理能力现代化水平，形成与教育现代化发展目标相适应的教育信息化体系，充分发挥信息技术对教育的革命性影响作用。"《规划》同时明确了教育信息化建设"大幅提升信息化服务教育教学与管理的能力""从服务教育教学拓展为服务育人全过程""从服务教育管理拓展为全面提升教育治理能力"等八项主要任务。

当前，以云计算、大数据、移动计算等为代表的网络新技术不断得到应用和推广，网络对社会的影响越来越深刻，网络信息技术对教育的影响也越来越明显。党的十八大以来，党中央、国务院对网络安全和信息化工作的重视达到了前所未有的程度，信息化已经成为国家战略，教育信息化迎来了历史发展的最好机遇。

6.2.2 将网络思想政治教育平台建设融入教育信息化

要实现教育领域的全面信息化，思想政治教育的信息化必不可少。网络思想政治教育平台的建设，就是思想政治教育信息化的具体举措和抓手。但长期以来，思想政治教育的信息化建设、网络思想政治教育平台的建设，始终游离在高校教育信息化之外。教育系统长期都存在这样的观点：思想政治教育是意识形态的问题，属于党务部门的工作，务虚；教育信息化的工作是具体的业务工作，属于行政部门的工作，务实。因此，在经费、设备、人员、场地等方面的投入上，网络思想政治教育平台的建设都无法得到足够的支持，建设发展受到很大的限制。习近平同志强调，要坚持把立德树人作为中心环节，把思想政治工作贯穿教育教学全过程，实现全程育人、全方位育人，努力开创我国高等教育事业发展新局面。在高校教育信息化建设中，各高校要把思想政治教育的信息化、网络思想政治教育平台的建设，放在重要和突出的位置。

各高校要把网络思想政治教育平台建设纳入高校教育信息化统一规划、统一建设。当前高校教育信息化工作推进的难点之一，就是难以打破高校中各部门、各系统之间的信息堵点，教育教学、学生管理、后勤服务、OA 系统、科研管理、师资信息等应用均是各自为政，造成了校园中的一个个信息孤岛。其原因之一就是规划滞后。缺乏对高校教育信息化建设的统一集中规划，就会使系统如雨后春笋一般遍地开花，但这实际上给后期的数据共享、系统维护、信息安全都带来极大的隐患。缺乏统一规划的另一个弊病是，各系统的系统构架、硬件基础、数据接口、安全防护等各方面都存在巨大差异，后期的技术整合难度极大，稍有不慎就会留下漏洞，成为整个高校信息化建设的危险区域。将网络思想政治教育平台和高校教育信息化建设统一规划、统一建设，能够减少校园的信息孤岛，及时在信息渠道层面实现网络思想政治教育平台和校园其他信息化平台的互联互通，这样不仅促进了平台作用的全面发挥，同时也强化了教育信息化对人的关注，对用户需求的关注。高校的教育信息化建设也要全程融入思想政治教育的内容，满足全程育人、全方位育人的要求。

6.2.3　以网络思想政治教育平台建设推动教育信息化发展

在过去，高校的信息化建设通常都是基于业务导向，即基于高校具体业务的需要，比如资产管理、排课、查课等，由高校的网络技术部门提出解决方案，通过建设对应的网络系统来解决问题。这样的教育信息化是最低端的教育信息化，只是在教育管理的工具上有了一定的改进，而实际的业务流程、管理模式并没有变化。高校的教育信息化建设需要以服务为导向，要思考需要统领，面向谁，服务谁，提供什么服务，如何提供服务。而网络思想政治教育平台的建设从一开始目的就很明确，就是满足用户的需求，满足大学生学习和生活需求、娱乐需求，满足大学生个人成长发展的需求。但是平台当前的服务存在着严重不足的问题，大学生用户的需求，难以在现有的平台建设中得到充分的满足。网络思想政治教育平台推动了高校教育信息化发展，让平台的服务供给更加丰富多样，也让高校教育信息化建设有了灵魂，有了立足点。高校对网络思想政治教育平台的规划，能够在高校教育信息化中牢固树立"以人为本"的理念，真正从用户的角度，而不是从设备和业务的角度，去设计和开发相关的信息化产品。网络思想政治教育平台既要满足高校中相关职能部门、管理者的需要，更要符合广大用户的使用需求和使用习惯。

网络思想政治教育平台的发展有利于人在教育信息化建设中发挥充分的作用。教育信息化不是网络技术专家的工作，而是整个高校的工作；教育信息化也不是如何利用好网络信息技术的问题，而是对高校整个教育教学管理的流程再造。高校要特别重视对教育信息化相关人员，特别是对主要的管理者、维护者、使用者的教育和培训，加强在网络信息安全、精简高效、用户至上等方面的培训。网络思想政治教育平台在做人的工作方面，有天然的优势。网络思想政治教育平台既是对教育信息化的推动，也是对教育信息化建设者的推动。

6.3 高校网络思想政治教育平台与新媒体建设相融合

6.3.1 网络思想政治教育平台的传播优势

中央全面深化改革领导小组第四次会议提出了打造新型主流媒体，打造新型媒体集团，建设现代化传播体系的要求；习近平同志也特别强调，"要推动融合发展，主动借助新媒体传播优势"，着力打造具有重大影响力的旗舰级媒体。在新的传播条件下，推动传媒融合、打造旗舰级的新媒体势在必行。

高校网络思想政治教育平台中新媒体的独特优势得到了有效发挥。从内容层面看，网络思想政治教育平台具有教育的独家话语权。教育是当前社会最受人关注的话题之一，网络思想政治教育平台囊括了从国家到基层整个教育系统的资源，内容的权威性、真实性、独创性毋庸置疑。网络思想政治教育平台同时还传播着教育工作者、学生用户发布的独家资源，具有极强的关注度和话题度。在渠道方面，网络思想政治教育平台在政策支持下，能够做到全媒体覆盖。以易班为例，易班有完善的网络传播媒体矩阵，除了自身的易班网站和易班 App，还有易班的微博、微信，以及易班的官方 QQ、头条号等。在线下，易班有自己的 UI 设计、报纸和杂志、各种平面宣传和视频宣传。为加大易班的传媒融合力度，国家提出为易班"申请取得新闻、视频传播等资质提供政策支持"，即易班可以取得信息网络传播视听节目许可证和互联网新闻信息服务许可证，可以依法开展网络视频和新闻传播服务，因此易班的媒体融合和传播优势更为明显。在平台方面，网络思想政治教育平台作为国家战略，拥有得天独厚的资源和优势，特别是在高校中，网络思想政治教育平台可以实现对师生的全覆盖。未来，网络思想政治教育平台必然会继续拓展到各级各类的职高、中学、中专教学中，甚至涉足幼儿园（幼教）领域，真正实现教育行业、教育相关者的有效全覆盖。在经营方面，网络思想政治教育平台以社会效益和经济效益为双重导向，在确保良好社会效益的前提下，努力提高经济效益，通过市场的力量，对平台进行调节和校正。在管理方面，网络思想政治教育平台是"国"字头的新媒体，始终紧跟党和国家的大政方针，始终保持面向用户、以学生为本的理念；在筑牢底线的前提下，在管理中大胆开拓创新，鼓励和支持有激情、有创意的大学生参与管理；在管理中体现教育，在管理中体现服务，在管理中体现以人文本的理念。在技术方面，网络思想政治教育平台通过提升自身的技术开发水平，并积极利用互联网中一切有效的网络资源和手段，使传播效果得到提升。平台本身既可以使用自身的渠道和方式进行传播，也可以通过和其他网络服务和网络应用进行融合传播，同时兼具灌输性和渗透性。

6.3.2　网络思想政治教育平台的受众优势

网络思想政治教育平台的受众优势，是其平台新媒体的另一大特点。从整个教育体系来看，网络思想政治教育平台拥有数量庞大、稳定、有效的传播受众群体。根据 2016 年国家统计局的数据，全国在校研究生 198.1 万人，普通本专科在校生 2 695.8 万人，中等职业教育在校生 1 599.1 万人，普通高中在校生 2 366.6 万人，初中在校生 4 329.4 万人，普通小学在校生 9 913.0 万人，学前教育在园幼儿 4 413.9 万人。2016 年，全国从幼儿园到高校共计 2.56 亿受教育者，他们都是网络思想政治教育平台最真实、稳定的用户。即使只计算求学的时间，学生用户至少会关注网络思想政治教育平台十余年的时间，这已经足够培养用户的使用习惯和使用黏性了。学生用户离开高校后，依然可能以校友或家长的身份，继续保持和网络思想政治教育平台的联系和互动。

教育的特殊性在于，受教育的是学生，但背后牵动的是整个家庭。对于每个家庭、整个社会来说，教育都是第一热门话题。因此，网络思想政治教育平台的潜在用户，还包括了数量更为庞大的家长群体。家长们不仅会直接关心和孩子直接相关的教育、高校的内容，更会广泛地关注区域性的、行业性的教育、培训、考试、就业等话题，他们对网络思想政治教育平台主题的关注度，甚至会超过学生用户。如果网络思想政治教育平台满足家长用户的需求，平台的受众数量将会大幅增长，从而促进平台的普及。

网络思想政治教育平台的传播受众，还包括相关的政府部门、高校以及教育行业的服务供应商，特别是以学生为目标群体的公司和服务机构。政府部门、高校、公司、机构，或者是学生、家长、校友，在网络思想政治教育平台都可以自由互动。高校可以向学生发布权威的消息、公告，学生同样可以向高校提出意见、建议或者投诉。在网络思想政治教育平台中，信息是自由、流动的。政府部门可以从网络思想政治教育平台中了解当前教育行业的真实情况，掌握第一手素材；高校可以在网络思想政治教育平台和学生直接对话，了解学生的所思所想；其他的公司、机构，则可以在合法合规的前提下，在网络思想政治教育平台上掌握学生的动向，为学生用户提供他们需要的资源，满足他们的需求。这同时也是对平台重要的补充。

从理论上看，网络思想政治教育平台的传播受众是庞大的，受众的需求也是真实可行的，最核心的问题就是网络思想政治教育平台如何通过信息传播和需求满足，培养用户的黏性和忠诚度。

6.3.3　网络思想政治教育平台的内容优势

网络思想政治教育平台内容来源广泛，形式多样。教育信息长期以来是社会大众的热点和焦点，第一时间获取和发布最新的教育资讯，是网络思想政治教育平台的特色。依托国家、省市各级教育机构和部门、全国各级各类学校特别是高校的网络思想政治教育平台能够取得稳定、丰富、权威的信息资讯。同时，各地区、各高校具有不同的特色和优势，能够提供地区相关、行业相关、业务相关的各种信息资讯，成为网络思想政治教育平台内容的有益补充。

在自媒体时代，数量庞大的网络思想政治教育平台用户更是网络信息资讯的直接提供者和传播者。网络思想政治教育平台拥有庞大的、高质量的用户群体，在信息资讯获取上有着得天独厚的优势。当前，各大网络媒体正在从制造资讯向传播资讯过渡，从图文资讯向视频、直播资讯过渡。大学生用户是微博、微信、快手等网络自媒体 App 的重度使用者，无论是文字、图片、直播、短视频、音频，大学生都非常熟悉。大学生学习能力强，思维活跃，有强烈的创新精神和个人表现欲，网络思想政治教育平台能够提供很好的自我展示和表达的平台。大学生将自己的所思、所想、所感以自己的方式表达出来，能够引起整个用户群体的共鸣，在社会舆论中形成积极的影响。

网络思想政治教育平台还具有典型的主流媒体属性。一方面，从信息资讯的层面看，网络思想政治教育平台具有权威性较强的特点，对网络思想政治教育平台的用户而言，具有很强的可信度和接受度；另一方面，网络思想政治教育平台娱乐性较强，并且服务较周到。网络思想政治教育平台对信息资讯的表达和传播，能够采取更加灵活、更加接地气的手段，实现更好的传播效果。

6.4 高校网络思想政治教育平台与法制建设相融合

6.4.1 依法推动网络思想政治教育平台的建设

网络思想政治教育平台建设投资大，需要从国家层面到各高校，连续地进行人力、物力、财力的投入，因为不仅网络思想政治教育平台的开发和建设需要有充分的保障，而且日常的管理与维护工作的有效运行也需要得到保障。网络思想政治教育平台的建设周期较长，一旦开始运作，就需要长期的管理维护；网络思想政治教育平台涉及面广，关系到整个教育工作者、学生，甚至整个教育行业，具有重大的意义，平台的建设主要承担着开展思想政治教育工作的任务，要将教育导向始终保持在正确的方向上。网络思想政治教育平台为大学生的全面成长和发展提供各种服务，具有很强的政治性。网络思想政治教育平台关系重大，在平台立项、规划、开发、建设、运行各环节，都要以法律规范为保障，充分尊重网络应用开发和思想政治教育的专业性和规律性，坚决杜绝盲目决策、朝令夕改以及"政绩工程"。

网络思想政治教育平台相关的重大事项，要有明确的决策规则和流程，以确保科学决策、透明决策。系统性的网络思想政治教育平台不同于以往的红色网站，说建就建，说关就关，想改就改。网络思想政治教育平台的规划，应该具有全局性、科学性、系统性和长期性，网络系统的建设、用户习惯的培养以及政府、高校的配合，都不是朝夕之功。"不积跬步无以至千里"，建设网络思想政治教育平台决不能有好大喜功的心态，更不能变成因人而异的政绩工程。建设单位一定要通过制度性设计，保证网络思想政治教育平台能够按照规划建设和发展，一步一步取得实效。网络思想政治教育平台的一般性工作，要通过建章立制，实现分级、分层、分类管理，落实责任，奖惩分明。总之，建设单位要通过规范的制度，保证网络思想政治教育平台的运作和作用发挥，不能出现"千里之堤溃于蚁穴"的情况。

建设单位还要依法保障网络思想政治教育平台和其他网络应用、网络服务的互联互通。网络思想政治教育平台是由国家强制力保证实施的教育系统和教育工程，应该举全国之力、全网之力共建共享。既要通过商业利益的吸引，也要通过政策法规的制定，保证网络思想政治教育平台和其他网络应用之间的互联互通，保证网络互动的稳定、安全；防止互联网巨头们基于一己私利，对网络思想政治教育平台进行围追堵截，或者是将网络思想政治教育平台的资源用于商业目的；要利用法制手段，对网络思想政治教育平台和其他网络应用的关系加以规定和约束，保证网络思想政治教育平台的建设和发展。

6.4.2 依法强化网络思想政治教育平台治理

高校并不是舒适的避风港，网络思想政治教育平台也不是完全的净土，平台对用户的信息安全承担着重大的责任。安全隐患的不断显现，更加需要有完善的保障体制。当前，网络思想政治教育平台的信息安全，主要凸显在意识形态安全、数据隐私安全以及网络素养网络道德安全等方面。网络思想政治教育平台的意识形态安全是第一位的，包括了两层含义：一是保证符合社会主义核心价值观的信息和内容，能够获取特殊和优先的保障地位；二是对违反法律法规、违反网络素养、违反社会主流文化和价值的信息和内容要进行及时处理。当前法律法规的不完善，导致在实践中对意识形态的安全难以把控。

网络思想政治教育平台的数据安全，涉及教育信息的安全，也涉及用户个人隐私的安全。黑客恶意攻击可能造成信息泄露；相关人员工作疏忽，可能造成数据信息泄露；网络思想政治教育平台在未经用户许可的情况下，可能会擅自收集、使用用户信息和数据。类似的问题，依然要通过法律手段来解决。网络思想政治教育平台的应急机制如何建立，如何在第一时间消除数据信息泄露后带来的影响，并启动调查、追责机制等问题值得我们思考。特别是要思考，如何将网络中的技术处置手段和法律体系中的惩处手段结合使用。

网络思想政治教育平台中的网络素养、网络道德，是更深层次的网络信息安全问题。曾几何时，网络人肉搜索、网络曝光，或者通过网络进行侮辱、谩骂，或者是恶意传播不实消息，在不明真相的用户网友的推波助澜下，给当事人造成了巨大的伤害。而对这些行为的认定、调查、取证、处罚都很困难，一是无针对性的规章制度，二是无专门的认定机构，三是无专职的执法人员，四是执法成本巨大。在网络思想政治教育平台中，用户主要都是年轻人，对信息分辨的能力不强，更容易被煽动，且对负面信息的抵抗力也比较弱，如果出现类似的情况，会引发更大的网络危机事件。

6.4.3 依法保障网络思想政治教育平台作用发挥

当前，互联网已经从产品竞争的阶段，进入到生态竞争、资本竞争的阶段。以当前热门的共享单车为例，所有的共享单车企业基本只有两个选择：被收购或者破产。共享单车和其他众多的互联网应用领域一样，成为网络巨头角力的战场。为了确保自己的领先优势，网络巨头必须动用资本的力量，提前进行商业生态的布局，确保领先优势。即使和网络巨头主业不相关的领域，出于对竞争对手的防范，网络巨头们也会提前进行收编。绝大部分的互联网企业和应用，要么成为网络巨头们的附庸，要么在资本的压榨下迅速消失。网络团购、网络视频、网络购物、网络打车、在线支付等，无不重复上演着类似的场景。网络思想政治教育平台的成功，必然会成为网络巨头争夺的新目标。

依法保障高校网络思想政治教育平台的作用发挥，一是要以国家强制力保证平台的充分建设与高效运行。有思想政治教育的地方、有学生的地方，就需要有有成熟的网络思想政治教育平台；二是要以国家强制力保证平台网络思想政治教育领域中的主体地位，使其的发挥作用最大化。思想政治教育是以国家强制力为后盾，保证实施和开展；高校网络思想政治教育平台作为国家战略，同样要以国家强制力作为坚强后盾。易班的全国推广，就是以教育部和国家互联网信息办公室强力推动为基础，在短时间内迅速形成了规模优势、覆盖优势、技术优势和资源优势。易班的建设发展，就是依法保障高校网络思想政治教育平台作用发挥的最好注脚。

随着社会网络化的进一步发展，越来越多的关键性网络应用将上升到关系国计民生的高度，对国家和社会的运转产生重大影响。国家要通过完善的法律法规，对基础性、关键性的网络应用进行规范管理，保证国家对这些网络社会中的基础性设施具有充分的控制力。对承担有特殊使命的特别的网络应用，如网络思想政治教育平台，国家必须通过法律法规的形式，保证其作用的发挥和职责的履行，并且不受到其他因素的干扰。我们要避免其他互联网企业或者网络应用，通过各种各样的形式，干扰、阻碍网络思想政治教育平台的建设和发展；也要避免网络巨头对平台的渗透和侵蚀，防止网络巨头的侵蚀使平台的建设失去原有的本质，防止成为各大网络巨头的利益代言工具。

6.5　本章小结

高校网络思想政治教育平台是未来的发展趋势，我们应该将平台建设放在更加突出的位置上，以平台建设发展作为高校思想政治教育的抓手和突破口，一手抓网络技术开发应用，一手抓思想政治教育研究和实践，共同推动平台的更大发展。

7 高校网络思想政治教育平台的易班模式

易班是全国规模最大、功能最强大、资源最丰富、应用效果最好的高校网络思想政治教育平台。易班充分吸收了过去高校网络思想政治教育平台的实践建设经验和理论研究成果，是高校网络思想政治教育平台建设的集大成者。对易班模式的分析研究，有助于形成高校网络思想政治教育平台研究与实践的良性互动。

7.1 易班简介

7.1.1 基本情况

根据教育部建立大学生网络互动社区的要求，以上海市教育系统网络文化发展研究中心为依托，易班作为上海市教委党委的重点建设项目，于 2009 年启动并开始自主研发。2012 年，易班完成了上海市高校的全覆盖，并开始进行全国建设推广试点；2014 年，教育部、国家互联网信息办公室联合发布了《"易班"推广行动计划和中国大学生在线引领工程实施方案》，部署实施全国"易班"推广行动计划。易班已经成为我国网络思想政治教育平台的典型代表。

经过多年的发展，易班从过去的 BBS、论坛社区，逐步发展成为以易班网络互动社区为基础的，以优课、易班大学、易班学院、易班博雅、易班中职等网站为枝干的，以实现教育现代化为宗旨的综合性、系统性的网络思想政治教育平台。易班拥有论坛、社交网络、博客、微博、邮箱、网盘、相册、手机应用、即时通信等功能，同时扩展了精品课程、在线教育、求职招聘、继续教育、交易支付、短视频、娱乐、文化服务、选课查课、教育考试、后勤报修、一卡通服务等本地化功能，基本实现了对高校大学生需求的全覆盖；易班立足校园，积极开展区域交流，让全国各高校的优秀教育资源互通有无，极大地拓展了大学生的视野和眼界；易班大力开展社会主义核心价值观和中华传统文化教育，易班课堂、易班访谈、易班好声音、易班每周精彩、易班直播等栏目，已经成为广受用户喜爱和好评的王牌栏目；易班不断拓展线上线下资源，旅游出行、演出订票、电影观看、图书借阅、竞赛报名等，都成为易班功能的重要组成部分；易班以班级、社团、学院、兴趣小组为基础，强化了用户的社交联系和群体性意识，创造了完全有别于商业网络的易班社交圈，学生即使离开学校，也能够找到自己的室友、同学和老师；易班不断优化网站和手机 App，每年都会进行技术和功能的升级，在性能和体验上，不断满足用户的新需求；易班通过区域、高校的线下互动，使易班文化深入人心，各高校也发展出了各具特色的易班高校文化，成为校园文化建设的重要组成部分，极具吸引力和感召力。

7.1.2 发展历程

2008 年 11 月，易班的前身"上海大学生在线"推出 BBS 功能，成为首个覆盖上海全市高校的 BBS 社区；2009 年，"上海大学生在线"推出网络博客空间；2009 年 9 月，其推出第一版 E-class 系统，融合了 BBS、网盘、相册等功能，上海交通大学、上海外国语大学、东华大学和上海海洋大学成为易班第一批试点单位；2010 年初，E-class 进行大规模升级改版，推出中文名"易班"；2010 年 7 月，易班推出 wap 版网站，实现手机终端访问；2010 年 12 月，上海海洋大学易班获得"第四届全国高校百家网站网络评选"百家网站、最佳文明网络社区奖和 2010 年全国高校校园文化建设优秀成果特等奖；2011 年 6 月，易班推出微博、群组和 IM 即时聊天工具；2011 年 10 月，易班数据中心全面采用云计算技术框架；2012 年 4 月，上海易班发展中心建成并投入使用。

2012 年 6 月，易班走出上海，位于四川省的西华大学成为首个沪外试点高校；2012 年 7 月，易班新的数据中心投入使用；2012 年 9 月，易班在苹果和安卓系统发布首款手机客户端；2012 年 10 月，易班正式推出"开放平台"；2012 年 12 月，易班手机客户端 2.0 正式上线；2013 年 3 月，新版易班正式上线，手机客户端 2.0.2 安卓版正式发布；2014 年 3 月"易班学院"产品上线。易班虚拟磁盘 v1.0 上线；2014 年 11 月，国家互联网信息办公室、教育部联合在上海召开了"易班建设经验推广暨创新网络思想政治教育工作会议"，易班的全国推广计划正式启动。

2014 年年底，教育部依托上海易班发展中心冠名成立教育部易班发展中心，在前期全国推广试点的基础上，将福建、广西两省（区）约 40 所高校与部分教育部直属高校作为"易班"建设的首批试点高校；从 2015 年开始，稳步扩大易班全国推广规模，教育部继续选取 8 个省（直辖市、自治区）和 15 所教育部直属高校开展"易班"建设，增强"易班"优质教育教学资源服务辐射西部省区和民族地区的力度；到 2017 年年底，易班建设囊括所有部属高校和约 20 个省（直辖市、自治区）的高校，成为在全国各地高等院校的网络互动社区中的领头羊，产生了巨大的影响力。

在为期三年的全国"易班"推广过程中，易班形成了一套行之有效的建设发展方法。教育部易班发展中心作为易班建设发展的核心机构，重点负责易班的平台建设和维护工作以及易班的资源导入、开发合作等工作；各省建立了省级的易班建设发展中心，负责易班在全省范围内的推广、应用、人员培训、活动开展、指导考核、协作交流等工作；各省建设好易班的省级区域中心，向上为易班总部提供相关的支持，向下做好各高校的政策和资源导入，以及本地化开发的指导工作。各高校也分别建立了易班建设工作领导机构，重点解决：易班在校内的资源整合；易班校园推广和校园易班文化建设；易班网络思想政治教育资源的开发与利用；易班本地化服务开发；易班网络文化与校园文化的融合。通过三级建设、管理体制，易班实现了资源统一、力量统一、人员统一，易班真正实现了全国一盘棋。各省、各高校通过易班提供的公共接口，开发出了大量具有地域和高校特色的应用和服务，成为易班新的"杀手锏"应用。

7.1.3　易班全国推广计划

易班的全国推广，是首次以国家力量推广一个大学生网络互动社区，也首次实现了高校网络思想政治教育平台在全国范围内的统一。易班全国推广方案提出，"以应用服务输出、运行模式输出、管理方法输出为重点"，形成可复制、可推广、可辐射的易班建设推广发展模式。

推广方案明确以下几个方面的内容：教育部、国信办加强对易班发展中心的工作指导，统筹谋划、组织实施推广计划和引领工程；教育部思想政治工作司负责日常组织协调，相关司局在政策安排、资源分享、教育服务公共平台共享等方面支持建设；各地教育部门、网信部门加强组织领导，指导高校易班的建设，并对其经验进行全面推广，各高校在学校党建和思想政治工作的过程中将易班的推广与建设作为其中的重要内容。同时，方案明确了政府主导、各方协同的"易班"发展模式和企业化管理运营模式，提出统筹协调"易班"纳入国家网络安全与信息化整体部署，作为教育信息化建设重点工作；支持"易班"建成全国性网络文化示范中心，完善新闻宣传和舆论引导功能，为"易班"申请取得新闻、视频传播等资质提供政策支持。

目前，易班全国推广计划已经超额完成，在易班功能不断增强的基础上，涌现出一大批易班建设推广的示范性高校，优秀的易班网络应用、易班网络项目层出不穷，极大地调动了高校和用户的使用积极性。易班在加快教育信息化，推动教育现代化，特别是提升高校育人质量、提升高校管理服务水平等方面，发挥了明显的积极作用。

7.2 易班的优势

7.2.1 易班的产品优势

易班是高校网络思想政治教育平台的集大成者。易班除了提供 PC 网页端访问，同时开发了安卓、苹果手机的移动 App，基本实现了通过任何智能终端都可以访问易班。易班不局限于流行的网络社区元素，还融入了在线视频、即时通信、网络直播等流行的网络应用，提供了类似微博、微信的社交服务，后期还更多地加入了本地化的信息查询、生活服务等功能。易班还进一步加强了基础服务能力的建设，逐渐开始实施全国区域性数据中心建设，易班的稳定性、安全性、便捷性进一步提升。易班不仅是网络思想政治教育平台，更是一款技术先进的网络产品。

易班网络思想政治教育平台的内容更加丰富和完善。丰富的教育行业资源，是易班得天独厚的优势。易班的内容建设以教育资源为突破口，纵向发展，易班逐渐打通教育全领域的资源，教育资源覆盖幼儿教育、小学教育、中学教育、大学教育、成人教育、职业教育。教育资源的内容也不断完善和扩充，不再局限于思想政治教育。

易班网络思想政治教育平台提供了更加完美的用户体验。易班丰富的客户端，能够方便用户随时随地使用易班；易班 App 的风格，也借鉴了当下流行的微博、微信的操作，用户能够很快适应并熟悉易班的各种操作和功能；易班独特的机构号、班级、社团等功能设计，能够让用户一目了然地明白其具体的功能，带给用户强烈的亲切感；同时，易班 App 在访问速度、流畅度、界面美化等方面都进行了大幅度优化。本地化的服务，则是易班提升用户体验的杀手铜。通过"统一构架+本地二次开发",易班既能够提供全网范围内统一、规范的服务,也能够实现区域级、甚至单个学校级别的差异化本地服务。根据本地化服务的具体需求,易班已经可以实现在高校校园内的图书借阅、一卡通充值消费、打饭洗澡、档案查询、课程管理、考试成绩查询、后勤服务、在线支付缴费等多种功能。部分省市还在试点通过易班进行全市范围内的教学信息整理、课程资源共享、一卡通支付等。随着易班功能的不断完善和本地化开发的深度挖掘,易班必然能够为用户带来越来越好的使用体验。

易班网络思想政治教育平台努力实现线上线下互联互通。易班网络思想政治教育平台的建设,特别重视对过往建设经验的总结和失败教训的汲取。目前,易班将线上线下互联互通作为易班建设发展的重要抓手,通过线上线下互联互通来推动易班发展,也通过易班建设加强线上线下资源的互动融合。在教务教学方面,越来越多的班级使用易班进行上课的签到点名、作业批改、教学互动;越来越多的学校开始把课程放到易班上,并通过易班进行在线上教学、考试和学分认定,同时也把在线教学中的优秀资源放到线下,组织见面会、座谈会、报告会,进行面对面的接触;越来越多的辅导员,通过易班进行谈话谈心、学生信息管理、奖助学金评定,通过易班进行基本的党团工作指导。越来越多的学生习惯于通过易班进行图书借阅、课表查询、后勤报修,习惯于通过易班进行票务预订、活动参与,习惯于通过易班组建自己的社团、班级,通过易班联系自己的策划小组、科创团队。越来越明显的趋势是:易班不仅在校园内实现了线上线下的互联互通,还将继续推进高校和社会、高校和商业企业的线上线下互联互通,成为最具创新性的网络思想政治教育平台。

7.2.2 易班的政策优势

从高校网络思想政治教育平台的发展历程来看,过去建设平台存在一个很大的误区,就是平台建设运营的各自为政。在互联网条件下,高校网络思想政治教育平台和商业应用相比,无论在资金、技术、设备、思路等方面,都存在较大的差距。高校网络思想政治教育平台用户群体比较集中,且用户对产品的设计、功能等又比较挑剔,客观上增加了高校网络思想政治教育平台建设运营的难度。而各自为政的高校网络思想政治教育平台建设模式,不仅没有做到集中优势资源合力打造优质网络应用的目的,反而将平台原本的功能特色和优势削弱与丢失,使平台建设的运营成本大大提升,造成了巨大的资源浪费以及大量重复建设现象的出现。

易班的政策优势,首先体现在易班是全国性的高校网络思想政治教育平台，首次实现了全国"一张网"。当前，互联网中的竞争实质上就是对用户的争夺。能够掌握最多用户的网络应用，就能够获得最充足的网络流量和资源。最为典型的案例就是微信，微信在很短的时间内已经积累了接近 10 亿的月活跃用户数量。凭借庞大的用户群体，微信平台可以很容易地向网络购物、网络游戏、网络搜索等方向发展。只要微信平台进入的网络领域，微信平台的用户也就会跟着被导入相应的领域中。易班的技术比过去更为先进，易班的功能比过去更为强大，易班比过去所有的高校网络思想政治教育平台都更为贴近高校用户的实际需求。根据最新的数据，易班已经在全国绝大部分的教育部直属高校和超过三分之二的省（直辖市、自治区）的高校得到了推广和应用。作为高校思想政治教育的综合性平台，易班实现了历史性的全国布局。易班的全国推广，既是以易班自身强大的功能为后盾，也是基于建设一个全国性的、有竞争力的高校网络思想政治教育平台的国家需求，以国家政策推动实施。易班的全国性布局，是高校网络思想政治教育平台发展中非常重要而关键的一步。

其次，易班的政策优势体现在对易班的资源保障和注入。易班的整个开发建设、运营管理的团队，都是由国家进行保障和支持的。这虽然还未能达到商业应用的保障程度和水平，但是已经展现出了非常明显的趋势和变化。同时，易班还将继续获得各种优质资源，比如全国高校的优质教育资源，将陆续登陆易班，易班将成为网络教育的新热点；网络新闻和网络视频传播的资质，也将优先授予易班，将易班打造为全媒体的新平台；各种教育系统的线上线下活动，也将以易班为纽带开展，易班将成为高校校园文化活动的重要平台。下一步，易班还将在求职招聘、实习实训、商业娱乐等方面有更多的动作，越来越多的优质网络资源将不断被注入易班，进一步丰富了易班的功能。

最后，易班的政策优势体现在易班的本地化建设发展体制和机制上。易班采用了三级建设的模式，易班总站——省级易班中心——高校易班中心。易班总站负责易班的开发建设，符合宏观的管理和指导工作；省级易班中心负责省级易班平台的建设维护以及省级易班活动的指导和管理；高校易班中心负责易班在高校本地的二次开发建设、运营维护等具体的工作。三级易班建设管理体制，把对人力、物力、财力和技术的需求的最大的开发建设部分，放在了易班总站，既便于集中资源统一管理，又大大降低了各省中心和各高校中心的建设管理难度。这种集中开发、分布式服务的做法，在商业应用中也非常流行。对于我国地域辽阔、教育资源丰富的实际情况，以省一级的易班中心为单位，集中打造优势明显、特色突出的省级易班平台，非常符合我国特色。在未来的发展中，省级平台不仅能够打造出教育特色，还可以具有文化特色、经济特色、地域特色等。同时，省一级的易班中心，同时与省级的教育管理体制对接，使省级中心和省级平台建设更有保障，更有权威性。校级的易班中心，主要负责日常运营服务的问题，主要解决在高校中的易班本地化服务、易班的文化推广和融入、易班的推广和使用等问题。高校易班中心通常都以大学生为中心，以学生的思维、学生的方法去推广易班，更符合大学生的实际需求。

配合三级易班建设管理体制的，就是以易班为中心的高校网络思想政治教育机制。多数用户对这一机制予以了认可，但我们还需要进一步总结经验、整合资源、完善相应的体制和机制。

7.2.2　易班的平台优势

平台化的发展战略，是当前互联网应用生存和发展的基本要求。互联网行业的竞争越来越激烈，互联网企业期望做到小而美越来越困难。在互联网的每个领域中，全部的市场份额基本被少数的几个网络应用所瓜分。网络应用以用户的需求为起点，谁能够更好地满足用户的需求，谁就能赢得最多的客户。从另一个方面来看，当用户的需求出现新的变化时，如果网络应用不能够及时对用户的新需求做出响应，用户就会迅速转移到新的网络应用中。因此，互联网产品平台化战略的本质，就是在不断满足用户需求的基础上，持续激发并满足用户新的需求，在继续维持用户规模和活跃度的同时，推动网络产品做大做强。

过去的高校网络思想政治教育平台一是规模太小，无法聚集有效规模的用户，看上去平台还在运营，但实际上没有产生任何的效果；二是功能单一，只聚焦思想政治教育的需求，对用户其他需求的满足，既没有关注，也没有满足的方法。目前，从易班的发展定位来看，我们首先是要完成教育平台的构建。易班以高校用户为基础，构建具有一定特色和竞争力的教育平台。教育是相对特殊的行业，其专业性、政策性、政治性很强，易班平台有先天的优势。易班要善于整合教育的资源、高校的资源、政府的资源，在用户的教育需求上，加强互动和供给。特别是在全国范围内，易班要结合区域特色、高校特色，形成优势互补、融合发展，进一步巩固和强化其在教育领域的优势和竞争力。其次要推动易班功能的升级和完善。仅仅只关注用户的教育需求是远远不够的，用户在商业应用中的需求，在易班中同样会产生。在高校范围内，易班对用户常规需求的满足，同样有着独特的优势。易班要善于将用户在高校中的衣食住行、生活娱乐各方面，和高校环境紧密结合起来，和易班紧密结合起来，形成易班平台在高校环境中的相对优势。只有通过功能的不断升级和完善，易班才能真正绑定用户，具有生命力。最后，易班的平台战略还要做到"请进来，走出去"。一方面，易班要做开放性的平台，把用户需要的资源和应用引入易班中，比如校园周边的团购、外卖等，在高校就非常有市场；比如高校学生经常接触的各种认证培训等，完全可以融入易班，并成为易班的核心竞争力。另一方面，易班要主动做大做强，主动和其他的网络资源和网络应用进行对接。比如易班完全可以和网络视频应用进行对接合作，将易班优秀的教育资源授权给商业视频应用。对等地，易班也能获得商业视频的资源授权，从而实现互利共赢。

易班的平台战略，不仅决定着当前易班在校大学生用户对易班的使用，更对未来毕业生用户是否继续使用易班、是否继续喜爱易班，起着至关重要的作用。

7.3 易班作用的发挥

7.3.1 服务导向

易班始终把服务学生放在第一位。所有高校均设置了易班学生工作站，负责易班在高校的建设推广，特别是用户服务工作。易班的产品功能直接面向大学生用户，面向现代化的教育需求。易班融合了全国高校最优秀的教育人才和教育资源，充分实现了教育资源的全国性共享和交流。同时，易班也直接关注学生的实际需求。在高校网络思想政治教育平台中，易班首次实现了对用户吃、穿、住、行的全过程关注。通过校本化的二次开发，易班和高校各大信息系统实现了无缝连接，易班查课、易班消费、易班充值、易班签到、易班考试等方面的板块，满足了易班用户的需求。易班正在进一步加强线上线下的技术融合，通过扩展合作领域和范围，让易班在校园外也能够发挥巨大的作用。

7.3.2 娱乐导向

易班不仅是教育的易班，更是娱乐的易班，易班提供了丰富的娱乐资源。易班提供了各式各样的校园文化服务产品，用户能够在第一时间享受到所有易班高校中优质的文化服务内容；易班也引入了校园外的文化服务产品，用户通过易班，看演出、看电影、参加首映礼、组织旅行旅游，既快捷又安全；易班为天南海北的用户搭建了最好的交流沟通平台，实名制的社区让交流更加真诚，全国统一的平台又彰显了地方特色、高校特色；用户能够想到的丰富多彩的娱乐活动，也能够借助易班得以实施。易班始终坚持的理念，就是寓教于乐、寓学于乐，乐在易班、学在易班。

7.3.3　育人导向

易班的育人导向，是显性的也是隐性的。易班直接为用户提供了教育培训的强大功能。无论是专业学习、教育培训，或者是研究生考试、公务员招考等，只要你能够想到的教育教学内容，易班都可以一次性满足。如果用户对学习暂时没有兴趣，易班也决不强求。易班将基于用户的使用习惯和偏好，碎片化地推荐用户可能感兴趣的内容；易班会通过你的易班好友，不断激发你的学习热情；易班会以强大的功能，将用户包围在育人的氛围中。

7.4　易班发展趋势

7.4.1　继续深入实施高校易班平台战略

当前的互联网发展趋势清晰地表明，平台战略是互联网企业和互联网应用生存、发展的必由路径。高校网络思想政治教育平台的发展历程，就是高校网络思想政治教育平台从小到大、由弱到强的平台化发展进程。网络是互联互通的；平台化的战略，实质就是要实现产品和网络的互联互通，不断扩充产品的内涵和外延。高校网络思想政治教育平台的平台化，就是要持续地满足用户现有的需求，激发用户新的需求，从而保证高校网络思想政治教育平台和用户的深度绑定。高校网络思想政治教育平台的生存和发展，同样要不断地增加用户的应用场景，不断地强化用户的使用习惯。高校网络思想政治教育平台必须不断地丰富功能，打通和其他应用的共享渠道，这样才能够稳步推动平台化战略的实施。

7.4.2　推动易班教育和网络技术的融合

大数据技术的应用，使得人们对网络思想政治教育的定量分析和研究更进了一步，这对创新易班作用机制的研究起到积极作用。易班要持续创新，要做到以下几点：一是要进一步丰富易班的应用场景，持续推动易班和用户的深入绑定，让用户在日常的学习、生活、娱乐中，多用易班（频率）、长用易班（时间），丰富易班的应用场景，特别是要加强易班大数据在线下的部署和应用。易班只有保证足够的用户量和使用频率，才能够获取有效的大数据。二是要加强大数据的技术开发。大数据应用具有很强的技术性和专业性，在思想政治教育中，数据的相关性更加隐蔽，这对易班中大数据技术的应用提出了更高的开发建设要求。三是以大数据反馈易班的建设和发展。通过大数据技术创新易班作用机制的研究，实质就是找寻易班功能和用户实际表现之间的相关性。大数据应用的结果，将直接应用于易班新的开发和建设，强化作用发挥积极有效的部分，调整作用发挥不明显的部分。

7.4.3　以易班为中心的高校思想政治教育体制和机制

高校网络思想政治教育平台的作用发挥，不仅仅依赖于平台自身的优势和特点，也依赖于非平台运行系统的配合。高校网络思想政治教育平台的建设运行和作用发挥，势必需要一套合适的工作体制和机制与之匹配。

绝大多数高校已经建立了一套完整的、行之有效的网络思想政治教育平台运行机制，并且取得了较好的效果。同时，高校网络思想政治教育平台的作用还有巨大的开发空间，其运行机制尚可继续完善。其存在的问题是，高校网络思想政治教育平台站位不高，作用发挥不够，育人效果尚不明显。一方面高校网络思想政治教育平台建设的投入巨大，大量的人力、物力以及资金投入了平台的强化建设以及运营管理中。另　方面，大部分人对平台的认知存在偏差，仅将网络思想政治教育平台的建设看作是宣传部门、学工部门的分内之事。高校对平台能够起到的巨大作用，如何调整、改革相应的体制机制并与平台形成合力，在理念、工作、流程等各方面都还准备不足。高校必须要拿出改革的精神和勇气，直面高校网络思想政治教育平台对高校工作带来的冲击，加强领导、提高站位、认真谋划、主动适应、提前布局，以"互联网+"为引领，推动教育的信息化和现代化进程。

7.5　本章小结

在新时期，易班是当前高校网络思想政治教育平台最典型的代表。易班经历了较长的发展、积累时期，通过政府主导、全国高校共同参与，行业企业大力支持，迅速形成了全国统一建设推广的良好局面。易班的优势、易班的作用发挥，非常典型地印证了高校网络思想政治教育平台的理论研究和实践。同时，易班应该继续坚持平台战略，创新地开展建设、推广的研究和实践，认真探讨以平台为中心的高校网络思想政治教育工作体制和机制。

结束语

　　高校网络思想政治教育平台伴随着高校网络思想政治教育而生，并在实践中不断发展。全国性网络思想政治教育平台——易班的建设推广实践，为平台的有效建设提供了直接的、宝贵的实践经验。在过去的高校网络思想政治教育平台研究的基础上，新形势下的高校网络思想政治教育平台理论研究和实践应用都呈现出了新的特点和变化。

　　本书将网络思想政治教育平台定义为开展网络思想政治教育的环境和条件，是开展网络思想政治教育的各种硬件、软件资源的集合。高校网络思想政治教育平台，既是推动高校有效开展思想政治教育的重要载体，也是推动高校教育信息化发展的平台，同时也是重要的新媒体平台。简而言之，高校网络思想政治教育平台可以视为在网络社会条件下，高校开展网络思想政治教育的整体解决方案。

　　高校网络思想政治教育平台既是"思想政治教育"的产品，也是"互联网"的产品。在思想政治教育的研究中，高校网络思想政治教育平台作为具体的研究对象，在整个思想政治教育活动中处于枢纽地位。平台连接着各种思想政治教育资源，也连接着思想政治教育的教育者、受教育者；同时，思想政治教育各方又反作用于平台。在互联网思维下，高校网络思想政治教育平台是高校开展网络思想政治教育的解决方案，也是提供具体网络思想政治教育服务的产品。网络思想政治教育的作用、效果乃至目标的达成，都与高校网络思想政治教育平台产品密切相关。

　　加强高校网络思想政治教育平台研究，是重要且必要的。网络思想政治教育平台是一个综合性的概念，既有平台内部的资源、应用的融合互补，又有平台和平台外的资源、应用的互补。开展网络思想政治教育平台研究，不仅要有思想政治教育的思维和方法，还要依托互联网的思维和方法。我们要对高校网络思想政治教育平台的整体性认识进行充分的强化：它不再是过去的"红色网站"，也不是传统意义上的环境、载体或者方法。我们要深刻把握高校网络思想政治教育平台的复杂性、系统性、宏观性。我们要对高校网络思想政治教育平台实践性的认识进行充分的强化：其存在形式为网络产品，无人使用的网络产品是不可能有生命力的，更不能产生效果。高校网络思想政治教育平台的全部就是实践，在实践中去研究，再在研究中指导实践，易班就是网络思想政治教育平台的典型案例。网络对人的影响是全方位的，过去的网络思想政治教育研究过于套路化，对相关学科的关注不够。我们应该借助多个学科的基本理论和方法，从多层次、多领域、多角度开展高校网络思想政治教育平台研究和实践。

高校网络思想政治教育平台的研究中有三方面的内容尤其重要：一是先进的网络技术对高校网络思想政治教育平台的建设和作用发挥的影响；二是高校网络思想政治教育平台在促进网络互动方面的作用发挥；三是高校网络思想政治教育平台对人的全面发展的目标达成度。

本书对于和高校网络思想政治教育平台相关的更多更新的知识点并未涉及，对高校网络思想政治教育平台的论述展开得也不够。本书具有较强的实践性、应用性，同时也有一定的理论上的新思考。期望本书的内容能够引起更多研究者对高校网络思想政治教育平台的关注和研究。

参考文献

［1］ 中华人民共和国中央人民政府.国务院关于积极推进"互联网+"行动的指导意见［EB/OL］.(2015-07-04)［2018-05-11］.http://www.gov.cn/zhengce/content/2015-07/04/content_10002.htm.

［2］ 人民网.习近平：在第二届世界互联网大会开幕式上的讲话［EB/OL］.(2015-12-17)［2018-05-11］.http://jhsjk.people.cn/article/27938930.

［3］ 中国教育和科研计算机网.CERNET简介［EB/OL］.(2017-10-10)［2018-05-11］.http://www.cernet20.edu.cn/introduction.shtml.

［4］ 中国共产党新闻网.胡锦涛在中国共产党第十八次全国代表大会上的报告［EB/OL］.(2012-11-18)［2018-05-11］.http://cpc.people.com.cn/n/2012/1118/c64094-19612151-6.html.

［5］ 新华网.习近平在第二届世界互联网大会开幕式上的讲话［EB/OL］.(2015-12-16)［2018-05-11］.http://www.xinhuanet.com/politics/2015-12/16/c_1117481089.htm.

［6］ 教育部.教育部、国家互联网信息办公室《关于进一步加强高等学校网络建设和管理工作的意见》［EB/OL］.(2016-11-07)［2018-05-11］.http://www.ahstu.edu.cn/wlzx/info/1017/1159.htm.

［7］ 新华网.习近平主持召开中央全面深化改革领导小组第四次会议［EB/OL］.(2014-08-18)［2018-05-11］.http://www.gov.cn/xinwen/2014-08/18/content_2736451.htm.

［8］ 中华人民共和国中央人民政府.中央网络安全和信息化领导小组第一次会议召开［EB/OL］.(2014-02-27)［2018-05-11］.http://www.gov.cn/xinwen/2014-02/27/content_2625112.htm.

［9］ 教育部.教育部办公厅 国家互联网信息办公室秘书局关于印发《"易班"推广行动计划和中国大学生在线引领工程实施方案》的通知［EB/OL］.(2018-03-03)［2018-05-11］.http://old.moe.gov.cn//publicfiles/business/htmlfiles/moe/s8591/201502/183854. html.

　　[10] 新华网. 中共中央办公厅、国务院办公厅印发《关于进一步加强和改进新形势下高校宣传思想工作的意见》[EB/OL].(2015-01-19)[2018-05-11].http://www.xinhuanet.com/edu/2015-01/19/c_1114051345.htm.

　　[11] 教育部. 中央宣传部 教育部关于印发《普通高校思想政治理论课建设体系创新计划》的通知[EB/OL].(2015-07-30)[2018-05-11].http://www.moe.edu.cn/srcsite/A13/moe_772/201508/t20150811_199379.html.

　　[12] 新华网. 习近平视察解放军报社[EB/OL].(2015-12-26)[2018-05-11].http://www.xinhuanet.com/politics/2015-12/26/c_1117588434.htm.

　　[13] 新华网. 习近平:在文艺工作座谈会上的讲话[EB/OL].(2015-10-14)[2018-05-11].http://www.xinhuanet.com/politics/2015-10/14/c_1116825558.htm.

　　[14] 新华网. 习近平:坚持正确方向创新方法手段 提高新闻舆论传播力引导力[EB/OL].(2016-02-19)[2018-05-11].http://www.xinhuanet.com/politics/2016-02/19/c_1118102868.htm.

　　[15] 新华网. 习近平在网络安全和信息化工作座谈会上的讲话[EB/OL].(2016-04-26)[2018 05 11].http://www.xinhuanet.com/zgjx/2016-04/26/c_135312437.htm.

　　[16] 新华网. 习近平:加快推进网络信息技术自主创新 朝着建设网络强国目标不懈努力[EB/OL].(2016-10-09)[2018-05-11].http://www.xinhuanet.com/politics/2016-10/09/c_1119682204.htm.

　　[17] 新华社. 习近平:把思想政治工作贯穿教育教学全过程[EB/OL].(2016-12-08)[2018-05-11].http://www.xinhuanet.com/politics/2016-12/08/c_1120082577.htm.

　　[18] 新华社. 习近平:把思想政治工作贯穿教育教学全过程[EB/OL].(2016-12-08)[2018-05-11].http://www.xinhuanet.com/politics/2016-12/08/c_1120082577.htm.

　　[19] 新华网. 习近平:决胜全面建成小康社会 夺取新时代中国特色社会主义伟大胜利:在中国共产党第十九次全国代表大会上的报告[EB/OL].(2017-10-27)[2018-05-11].http://www.xinhuanet.com/politics/19cpcnc/2017-10/27/c_1121867529.htm.

　　[20] 教育部. 中共教育部党组关于印发《高校思想政治工作质量提升工程实施纲要》的通知[EB/OL].(2017-12-05)[2018-05-11].http://www.moe.

edu. cn/srcsite/A12/s7060/201712/t20171206_320698. html.

[21] 徐建军. 大学生网络思想政治教育理论与方法 [M]. 北京：人民出版社，2010：23-24.

[22] 汪春翔. 论社会信息化浪潮与思想政治教育 [D]. 南昌：江西师范大学，1998.

[23] 张易. 浅议网络思想政治教育建设 [J]. 中国成人教育，2001 (12)：12-13.

[24] 李先海，刘艳华. 高校网络思想政治教育建设的思考 [J]. 黑龙江高教研究，2001 (4)：20-21.

[25] 胡钰. 建设思想政治教育网站的几点思考 [J]. 思想理论教育导刊，2003 (6)：52-55.

[26] 陈宇瀚. 高校红色网站的建设与发展对策研究 [J]. 制造业自动化，2010 (8)：223-225.

[27] 侯志军，黄燕. 论"红色网站"的生命力 [J]. 思想理论教育，2003 (7)：84-86.

[28] 郭天平，赵为粮. 建设红岩网校占领网络阵地：思想政治教育专题网站建设的探索与实践 [J]. 重庆邮电学院学报（社会科学版），2003 (3)：79-82.

[29] 于歆，郭艳杰. 关于建立高校思想政治教育工作网站的几点思考 [J]. 河北师范大学学报（教育科学版），2004 (3)：95-98.

[30] 黄晓梅，孙艳艳，王颖，等. 构建高校网络思想政治教育新平台初探 [J]. 医学教育，2003 (4)：28-28，37.

[31] 王良忠，史美芳. 校园网络中思想政治教育平台建设的思考 [J]. 求实，2004 (S3)：230-232.

[32] 王海宁. 谈谈高校校园网 BBS 的建设与管理 [J]. 高校理论战线，2005 (10)：43-44.

[33] 何海翔. 高校 BBS 的引导原则及其途径探析 [J]. 黑龙江高教研究，2008 (4)：69-71.

[34] 申文明. 通过高校 BBS 进行思想政治教育的探索 [J]. 中国成人教育，2007 (14)：56-57.

[35] 姜德学，姜丽丽. 充分发挥高校 BBS 思想政治教育功效的思考 [J]. 大连理工大学学报（社会科学版），2007，28 (2)：1-3.

[36] 袁利民，沈文华，王小燕，等. 网络文化环境下校园网络思想政治

教育平台建设探析 [J]. 思想理论教育（上半月综合版），2012（12）：55-59.

[37] 袁利民，沈文华，王小燕等. 网络文化环境下校园网络思想政治教育平台建设探析 [J]. 思想理论教育（上半月综合版），2012（12）：55-59.

[38] 王务均. 搭建大学生网络思想政治教育平台的经验与做法 [J]. 思想理论教育导刊，2012，（10）：87-89.

[39] 王铮，徐志远. 微信对大学生思想政治教育的影响及对策探析 [J]. 思想理论教育导刊，2014（12）：123-125.

[40] 尚亿军，马加名. "微时代"大学生网络思想政治教育新阵地的探索与构建 [J]. 思想政治教育研究，2014，30（4）：123-125.

[41] 教育部. 教育部办公厅 国家互联网信息办公室秘书局关于印发《"易班"推广行动计划和中国大学生在线引领工程实施方案》的通知 [EB/OL].（2018-03-03）[2018-11-09]. http://old.moe.gov.cn//publicfiles/business/htmlfiles/moe/s8591/201502/183854. html.

[42] 曲青山. 浅议国外网络文化管理的经验及启示 [J]. 青海民族学院学报，2009，35（1）：12-15.

[43] 邵建防，罗骋. 国外思想政治教育特色及对我国的启示 [J]. 湖北社会科学，2004（8）：125-126.

[44] 邵建防，罗骋. 国外思想政治教育特色及对我国的启示 [J]. 湖北社会科学，2004（8）：125-126.

[45] 薛伟莲. 国外网络伦理教育的主要做法及启示 [J]. 教育科学，2011，27（1）：82-85.

[46] 房广顺. 当代国外思想政治教育的借鉴与启示 [J]. 辽宁大学学报（哲学社会科学版）. 2006，34（6）：1-6.

[47] 曲青山. 浅议国外网络文化管理的经验及启示 [J]. 青海民族学院学报，2009，35（1）：12-15.

[48] 田冰. 大数据视野下思想政治教育的探索和创新 [J]. 教育理论与实践，2017，37（3）：35-37.

[49] 张耀灿，郑永廷，吴潜涛，等. 现代思想政治教育学 [M]. 北京：人民出版社，2006，302-303.

[50] 袁勇，王飞跃. 区块链技术发展现状与展望 [J]. 自动化学报，2016，42（04）：481-494.

[51] 张文杰，姜素兰. 论网络交往行为的新特点 [J]. 自然辩证法研究，

1998（10）：44-47.

[52] 杨现民，李新，吴焕庆，赵可云. 区块链技术在教育领域的应用模式与现实挑战 [J]. 现代远程教育研究，2017（2）：34-45.

[53] 杜华. 区块链技术对高等教育发展的价值重构与路径创新 [J]. 现代教育技术，2017，27（10）：55-60.

[54] 周敏. 大学生社交网络行为特点及教育对策 [J]. 学校党建与思想教育，2017（24）：53-55.

[55] 左鹏. Web2.0时代高校思想政治教育专题网站的建设和发展 [J]. 思想理论教育，2013（3）：72-76.

[56] 苏晔. 高校思想政治教育要占领社交网络新阵地 [J]. 思想理论教育导刊，2016（4）：127-129.

[57] 李鹏. 微博在大学生思想政治教育中的应用模式研究 [J]. 学校党建与思想教育，2013（9）：62-63.

[58] 张明明. 微博、微信网络环境下高校思想政治教育研究 [J]. 思想理论教育导刊，2014（4）：104-106+110.

[59] 吴满意，胡树祥.《德意志意识形态》中的交往内涵与当今网络交往本质 [J]. 思想教育研究，2009（6）：25-29.

[60] 李庚全. 马克思交往理论及其特点 [J]. 中共石家庄市委党校学报，2007（1）：28-33.

[61] 吴满意. 网络人际互动：网络思想政治教育的基本视域 [D]. 成都：电子科技大学，2011.

[62] 吴满意. 网络人际互动：网络思想政治教育的基本视域 [D]. 成都：电子科技大学，2011.

[63] 张文杰，姜素兰. 论网络交往行为的新特点 [J]. 自然辩证法研究，1998（10）：44-47.

[64] 张林，刘海辉. 生态思维：思想政治教育研究的一种现代选择 [J]. 现代教育科学（高教研究），2014（3）：6-10.

[65] 戴锐. 思想政治教育生态论 [J]. 理论与改革，2007（2）：150-153.

[66] 张林，刘海辉. 生态思维：思想政治教育研究的一种现代选择 [J]. 现代教育科学（高教研究），2014（3）：6-10.

[67] 刘社欣. 思想政治教育合力研究. [D]. 广州. 中山大学. 2009.11.

[68] 教育部思想政治教育工作司. 思想政治教育原理与方法 [M]. 北

京：高等教育出版社，2010：243-250.

[69] 侯勇. 思想政治教育系统的研究回顾与反思 [J]. 思想政治教育研究，2011，27 (2)：71-74.

[70] 丛森，范维，任斌等. 新媒体环境下高校思想政治教育的系统论路径探究 [J]. 学校党建与思想教育，2016 (14)：45-47.

[71] 于洪卿. 系统论视角下的思想政治教育 [J]. 前沿，2007 (12)：131-133.

[72] 孙其昂等. 思想政治教育现代转型研究 [M]. 北京：学习出版社，2015：123-127.

[73] 孙其昂. 思想政治教育学前沿研究 [M]. 北京：人民出版社，2013，292-300.

[74] 新华网. 习近平就共同构建网络空间命运共同体提出 5 点主张[EB/OL].(2015-12-16)[2018-11-09].http://www.xinhuanet.com/world/2015-12/16/c_128536396.htm.

[75] 何广寿. 大学生网络共同体论析 [J]. 学校党建与思想教育，2016 (21)：81-84.

[76] 何广寿. 大学生网络共同体道德建设谫论 [J]. 学校党建与思想教育，2017 (1)：74-76.

[77] 戴锐. 思想政治教育共同体的可能、现实与前景——以场域为基本视角的研究 [J]. 思想理论教育（上半月综合版），2012 (9)：40-45.

[78] 温丽华. 构建高校网络空间命运共同体：是否需要、是否可能、何以可能 [J]. 继续教育研究，2018，(2)：5-10.

[79] 戴锐. 思想政治教育共同体的运行机制与发展战略 [J]. 思想政治教育研究，2014，30 (6)：9-12.

[80] 李全生. 布迪厄场域理论简析 [J]. 烟台大学学报（哲学社会科学版），2002，15 (2)：146-150.

[81] 戴卫义，黄金结. 大学生思想政治教育的场域探析 [J]. 江苏高教，2015 (1)：117-120.

[82] 蒋平. 论高校思想政治教育场域的建构与优化 [J]. 现代教育科学（高教研究），2013 (2)：126-130.

[83] 杨慧娟. 思想政治教育多维空间场域的构架 [J]. 教学与管理（理论版），2017 (4)：111-113

[84] 戴锐. 思想政治教育共同体的可能、现实与前景——以场域为基本

视角的研究 [J]. 思想理论教育 (上半月综合版), 2012 (9): 40-45.

[85] 郭鹏, 郑华萍. 论信息网络场域中主体间的道德学习 [J]. 学术交流, 2014 (12): 189-193.

[86] 马克思, 恩格斯.《马克思恩格斯选集》第1卷 [M]. 北京: 人民出版社, 1995: 56.

[87] 新华网. 习近平: 决胜全面建成小康社会 夺取新时代中国特色社会主义伟大胜利 [EB/OL]. (2017-10-27) [2019-02-11]. http://jhsjk.people.cn/article/29613458.

[88] 新华社. 习近平: 把思想政治工作贯穿教育教学全过程 [EB/OL]. (2016-12-08) [2019-02-11]. http://www.xinhuanet.com/politics/2016-12/08/c_1120082577.htm.

[89] 郑永廷. 思想政治教育基础理论研究进展与综述 [J]. 思想教育研究, 2014 (4): 3-18.

[90] 刘建军, 马瑞萍. 思想政治教育学研究述要 [J]. 思想理论教育导刊, 2008 (11): 51-57.

[91] 陈义平. 思想政治教育学原理理论体系建构的若干问题探析 [J]. 思想政治教育研究, 2010, 26 (05): 12-17.

[92] 孙其昂. 论思想政治教育学基本理论研究 [J]. 思想政治教育研究, 2010, 26 (05): 8-11.

[93] 付艳, 徐建军. 网络思想政治教育学的逻辑起点 [J]. 思想教育研究, 2017 (08): 95-99.

[94] 李娟."虚拟环境"与"刻板成见"——由两个重要概念评析《公众舆论》[J]. 新闻知识, 2009, (8): 33-35.

[95] 杨晓茹. 传播学视域中的微博研究 [J]. 当代传播, 2010, (2): 73-74.

[96] 周黎鸿, 王淑娥. 思想政治教育的社会学研究 [J]. 成都大学学报 (教育科学版), 2009, 23 (2): 1-4.

[97] 侯红霞. 思想政治教育何以必要——人的社会化视角 [J]. 兰州学刊, 2011 (3): 204-206.

[98] 叶方兴. 思想政治教育社会学的理论基础初探 [J]. 思想政治教育研究, 2010, 26 (1): 73-76.

[99] 刘松涛. 大学生思想政治教育的社会学意蕴 [J]. 毛泽东思想研究, 2005, 22 (6): 140-143.

[100] 杨芷英. 思想政治教育心理学研究综述 [J]. 思想理论教育导刊,

2007（11）：70-77.

［101］张再兴等.网络思想政治教育研究［M］.北京：经济科学出版社，2009，370-375.

［102］谢晓娟，王东红.多学科视角下的思想政治教育研究［M］.北京：中国书籍出版社，2015：66-71.

［103］诸葛福民，李淑娜.基于心理疏导的大学生思想政治教育研究［J］.思想教育研究，2013（08）：65-68.

［104］高兰天，乔学斌.系统管理理论视角下的思想政治教育系统论［J］.探索，2014，（1）：149-152.

［105］杨文斌，梁永丰.学习型组织：高校管理改革的新走向［J］.黑龙江高教研究，2006（1）：88-90.

［106］旷勇，宁曼荣.柔性管理：大学生思想政治教育工作的新视角［J］.思想理论教育导刊，2005，（7）：73-76.

［107］殷凤春.思想政治教育与高校学习型管理组织创建［J］.云南行政学院学报，2003，（3）：122-123.

［108］张华.论思想政治教育的意识形态性［J］.思想理论教育导刊，2009（11）：95-98.

［109］新华社.习近平：把思想政治工作贯穿教育教学全过程［EB/OL］.（2016-12-08）［2019-03-15］.http：//www.xinhuanet.com/politics/2016-12/08/c_1120082577.htm.

［110］张耀灿，郑永廷，吴潜涛等.现代思想政治教育学［M］.北京：人民出版社，2006，38-39.

［111］人民网.习近平在北京大学师生座谈会上的讲话［EB/OL］.（2014-05-05）［2019-03-15］.http：//edu.people.com.cn/n/2014/0505/c1053-24973276.html.

［112］陈万柏.思想政治教育学原理［M］.北京：人民大学出版社，2013，54-66.

［113］中国共产党新闻网.胡锦涛在中国共产党第十八次全国代表大会上的报［EB/OL］.（2012-11-18）［2019-03-15］.http：//cpc.people.com.cn/n/2012/1118/c64094-19612151-6.html.

［114］新华网.习近平：加快推进网络信息技术自主创新 朝着建设网络强国目标不懈努力［EB/OL］.（2016-10-09）［2019-03-15］.http：//www.xinhuanet.com/politics/2016-10/09/c_1119682204.htm.

［115］新华网. 习近平视察解放军报社［EB/OL］. (2015-12-26)［2019-03-15］. http://www.xinhuanet.com/politics/2015-12/26/c_1117588434.htm.

［116］新华网. 习近平主持召开中央全面深化改革领导小组第四次会议［EB/OL］. (2014-08-18)［2019-03-15］. http://www.gov.cn/xinwen/2014-08/18/content_2736451.htm.

［117］新华社. 习近平：把思想政治工作贯穿教育教学全过程［EB/OL］. (2016-12-08)［2019-03-15］. http://www.xinhuanet.com/politics/2016/12/08/c_1120082577.htm.

［118］新华社. 习近平：把思想政治工作贯穿教育教学全过程［EB/OL］. (2016-12-08)［2019-03-15］. http://www.xinhuanet.com/politics/2016/12/08/c_1120082577.htm.

［119］网易科技. 李彦宏：互联网创业需抓住三个机会［EB/OL］. (2011-04-12)［2019-03-15］. https://www.aliyun.com/zixun/content/2_10_10283.html.

［120］网易财经. 柳传志眼中的互联网思维［EB/OL］. (2014-05-23)［2019-03-15］. http://money.163.com/14/0523/07/9STOSOPC00253G87.html.

［121］网易新闻. 周鸿祎：互联网思维是常识的回归［EB/OL］. (2014-10-08)［2019-03-15］. http://news.163.com/14/1008/07/A813AC4B00014AED.html.

［122］马克思恩格斯选集，第4卷［M］. 北京：人民出版社，1995.

［123］魏玉山. 互联网思维辩证谈［J］. 出版广角，2014（13）：4-4.

［124］喻思娈. 向互联网思维取"创新经"［N］. 人民日报，2014-05-26，20.

［125］李艳英. 互联网产品思维在校园微电影营销中的运用［J］. 电影评介，2016（15）：1-4.

［126］陈万柏. 思想政治教育学原理. 北京：中国人民大学出版社，2013，55-59

［127］新华网. 习近平：把思想政治工作贯穿教育教学全过程［EB/OL］. (2016-12-08)［2019-03-15］. http://www.xinhuanet.com/politics/2016/12/08/c_1120082577.htm.

［128］薛云云，朱建征. 易班资源系统建设探析［J］. 思想理论教育，2015（10）：79-82.

［129］沈漫. 易班资源整合策略探究［J］. 思想理论教育，2013（9）：71-73.

[130] 教育部. 教育部办公厅 国家互联网信息办公室秘书局关于印发《"易班"推广行动计划和中国大学生在线引领工程实施方案》的通知[EB/OL].（2017－10－10）[2019－03－15].http://www.moe.edu.cn/jyb_xxgk/moe_1777/moe_1779/201502/t20150209_185743.html.

[131] 中央政府门户网站. 中央网络安全和信息化领导小组第一次会议召开[EB/OL].（2014－02－27）[2019－03－15].http://www.gov.cn/xinwen/2014－02/27/content_2625112.htm.

[132] 中央政府门户网站. 中央网络安全和信息化领导小组第一次会议召开[EB/OL].（2014－02－27）[2019－03－15].http://www.gov.cn/xinwen/2014－02/27/content_2625112.htm.

[133] 国家互联网信息办公室. 政策法规[EB/OL].（2017－10－10）[2019－03－15].http://www.cac.gov.cn/xzfg.htm.

[134] 中国教育新闻网. 教育部办公厅关于成立教育部信息化领导小组的通知[EB/OL].（2011－09－15）[2019－06－15].http://www.jyb.cn/info/jyzck/201109/t20110915_454034.html.

[135] 教育部. 教育部办公厅关于印发《2017年教育信息化工作要点》的通知[EB/OL].（2017－02－03）[2019－06－15].http://www.moe.edu.cn/srcsite/A16/s3342/201702/t20170221_296857.html.

[136] 马克思，恩格斯. 马克思恩格斯选集：（第1卷）[M]. 北京：人民出版社，1995.

[137] 徐安鑫，何义圣. 论思想政治教育中的隐性教育[J]. 求实，2008（2）：85－88.

[138] 申小蓉，李惠蓉. 探索校园网络渗透式思想政治教育的新途径[J]. 思想理论教育导刊，2008，（1）：85－87.

[139] 蔡丽华. 推动高校思想政治教育进网络工作应注意的几个问题[J]. 中国高教研究，2003（11）：76－80.

[140] 马克思恩格斯选集（第3卷）[M]. 北京：人民出版社，1995，224－227.

[141] 王学俭，许伟. 思想政治教育权威及权威生成研究[J]. 思想政治教育研究，2015（2）：8－12.

[142] 雅斯贝尔斯. 什么是教育[M]. 邹进译. 北京：三联书店，1991：80.

[143] 韩慧莉. 群体心理对思想政治教育的影响：从研究生群体着笔

［J］．社会科学家，2012（2）：115-117.

［144］杨直凡，胡树祥．二十年来网络思想政治教育方法的发展历程［J］．思想教育研究，2015（4）：70-73.

［145］周如东．大学生思想政治教育融入渗透研究［J］．黑龙江高教研究，2013，31（5）：124-126.

［146］刘伟．西方发达国家隐性德育的基本特征及其启示［J］．教育科学研究，2012（10）：62-66

［147］常青伟．思想政治教育环境渗透研究［D］．苏州：苏州大学，2014.

［148］侯爽．关于灌输理论与思想政治教育本质的再研究［J］．思想理论教育导刊，2009（10）：74-78.

［149］马力．思想政治教育渗透研究［D］．重庆：西南大学，2016.

［150］马克思，恩格斯．马克思恩格斯选集：（第1卷）［M］．北京：人民出版社，1995，55.

［151］朱孔军．思想政治教育机制运行研究［J］．高校理论战线，2012（6）：17-20.

［152］周德全，李朝鲜．大学生网络思想政治教育模式特点研究［J］．思想教育研究，2008（9）：34-37.

［153］董学军．论高校思想政治教育评价机制［J］．沈阳师范大学学报（社会科学版），2011，35（3）：17-19.

［154］徐惠忠．高校网络思想政治教育实效性的评价机制研究［J］．文教资料，2012（10）：124-125.

［155］刘新庚，曹关平，刘邦捷，等．思想政治教育网络评估方法论［J］．思想政治教育研究，2010，26（4）：33-34，43.

［156］曹梅．教育网站评价的网络计量模式初探［J］．开放教育研究，2011，17（5）：103-107.

［157］成长春，冯春芳．思想政治教育实效性评价及其限度［J］．学校党建与思想教育（高教版），2011（4）：62-64.

［158］时胜利，崔华华．思想政治教育实效性评价的困境及其出路［J］．探索，2014（6）：141-144.

［159］胡以涛，查贵庭，唐惠燕等．国内外MOOC的移动终端评价研究［J］．现代教育技术，2015（10）：73-79.

［160］苏白云，潘勇．基于顾客满意度的电子商务网站评价［J］．数学的

实践与认识，2013，43（16）：84-90.

［161］常慕佳，姚江林.浅析大学校园流行文化与大学生思想政治教育[J].教育与职业，2010，（9）：81-82.

［162］陆玉林.什么是"青少年流行文化"[J].中国青年研究，2003（2）：4-6.

［163］顾洪英.流行文化与大学生思想政治教育[J].社会科学家，2008（11）：130-132.

［164］吴圣刚.当代流行文化的形成机制与作用[J].中州学刊，2007（2）：241-244

［165］张玉霞.青少年流行文化研究[J].当代传播，2007（5）：23-24

［166］杨昕.论流行文化的时代特征及其伦理意蕴[J].天府新论，2008（2）：128-131.

［167］陈立思，李宗浩.日本动画与日本青少年思想政治教育[J].国际关系学院学报，2008（4）：75-79.

［168］李玉琴.以社会主义核心价值体系引领大学生流行文化[J].江苏高教，2013（6）：105-106.

［169］乔东亮，周燕，张德玉等.加强党对流行文化引导的若十思考[J].新视野，2010，（1）：77-78.

［170］新华网.习近平致国际教育信息化大会的贺信[EB/OL].（2015-05-23）[2019-07-15].http://news.xinhuanet.com/2015-05/23/c_1115383959.htm.

［171］教育部.教育部关于印发《教育信息化"十三五"规划》的通知[EB/OL].（2016-06-07）[2019-07-15].http://www.moe.gov.cn/srcsite/A16/s3342/201606/t20160622_269367.html.

［172］臧书霞.教育信息化条件下高职学生思想政治教育的创新[J].江苏高教，2012（1）：144-145.

［173］新华社.习近平：把思想政治工作贯穿教育教学全过程[EB/OL].（2016-12-08）[2019-07-15].http://www.xinhuanet.com/politics/2016-12/08/c_1120082577.htm.

［174］桂富强，李锦红.以信息化管理平台为载体 提高大学生思想政治教育的实效性[J].思想教育研究，2006（7）：39-40.

［175］人民网.中央深改小组通过媒体融合意见 打造新型主流媒体[EB/OL].（2014-08-21）[2019-07-15].http://culture.people.cn/n/2014/0821/c172318-25507951.html.

[176] 人民网. 习近平在党的新闻舆论工作座谈会上强调：坚持正确方向 创新方法手段 提高新闻舆论传播力引导力[EB/OL].（2016-02-20）[2019-07-15].http://cpc.people.com.cn/n1/2016/0220/c64094-28136289.html.

[177] 教育部. 教育部办公厅 国家互联网信息办公室秘书局关于印发《"易班"推广行动计划和中国大学生在线引领工程实施方案》的通知[EB/OL].（2017-10-10）[2019-07-15].http://www.moe.edu.cn/jyb_xxgk/moe_1777/moe_1779/201502/t20150209_185743.html.

[178] 季海菊. 高校思想政治教育"载体合力"的动态生成——以新媒体语境为视域［J］. 南京社会科学，2009（10）：120-125+131.

[179] 国家统计局. 中华人民共和国2016年国民经济和社会发展统计公报[EB/OL].（2017-02-28）[2019-07-15].http://www.stats.gov.cn/tjsj/zxfb/201702/t20170228_1467424.html.

[180] 欧阳光明，刘秉鑫. 新媒体时代思想政治教育话语权及其建构维度［J］. 思想理论教育，2016（6）：49-53.

[181] 陈琳. 高校新媒体的思想政治教育功能研究述评［J］. 思想教育研究，2017（11）：124-127.

[182] 黄咸强. 论大学生法制教育与高校德育的整合［J］. 学校党建与思想教育，2009（22）：69-71.

[183] 顾相伟. 高校道德教育与法制教育的发展、关联与融合［J］. 思想教育研究，2012（01）：87-90.

[184] 教育部. 教育部办公厅 国家互联网信息办公室秘书局关于印发《"易班"推广行动计划和中国大学生在线引领工程实施方案》的通知[EB/OL].（2017-10-10）[2019-07-15].http://www.moe.edu.cn/jyb_xxgk/moe_1777/moe_1779/201502/t20150209_185743.html.

[185] 陈华栋. "易班"：Web2.0时代网络思想政治教育的新探索［J］. 思想理论教育，2011（13）：81-85.

[186] 刘妍. 从用户黏性度培育看"易班"推广行动计划［J］. 内蒙古农业大学学报（社会科学版），2016，18（3）：97-102.

[187] 江菊敏. 以互联网思维为支点走向产品思维［J］. 新闻战线，2016（15）：73-75.

[188] 李红利. "易班"推广过程中大学生网络行为研究［J］. 思想理论教育，2011（13）：89-91.

[189] 朱佳. 高校"易班"建设的法治检视［J］. 教育探索，2016

（10）：131-133.

[190] 吕尚彬，戴山山. "互联网+" 时代的平台战略与平台媒体构建 [J]. 山东社会科学，2016（4）：13-18.

[191] 邓纯雅. 平台战略：构建属于你的 "生态链" [J]. 中外管理，2014（11）：126-127.

[193] 沈漫，夏文芳. 提高易班用户粘性的工作策略研究 [J]. 思想理论教育，2014（8）：81-84.

[194] 刘智斌，雷卓伟. 基于网络行为分析的网络思想政治教育实践：以上海海洋大学易班为例 [J]. 思想理论教育，2012（21）：76-79.

[195] 朱建征，薛云云. 网络社区时代易班建设面临的挑战和应对策略 [J]. 思想理论教育，2015（9）：84-87.

网络思想政治教育平台研究
——以易班为例

WANGLUO SIXIANG ZHENGZHI JIAOYU PINGTAI YANJIU
——YI YIBAN WEILI

策划编辑　李邓超
责任编辑　李特军
封面设计　张姗姗

ISBN 978-7-5504-4359-4

9 787550 443594 >

定价：68.00元